Schumann

Turbo C

für Einsteiger

EIN DATA BECKER BUCH

ISBN 3-89011-127-0

Copyright © 1987   DATA BECKER GmbH
Merowingerstraße 30
4000 Düsseldorf

Alle Rechte vorbehalten. Kein Teil dieses Buches darf in irgendeiner Form (Druck, Fotokopie oder einem anderen Verfahren) ohne schriftliche Genehmigung der DATA BECKER GmbH reproduziert oder unter Verwendung elektronischer Systeme verarbeitet, vervielfältigt oder verbreitet werden.

Wichtiger Hinweis:
Die in diesem Buch wiedergegebenen Schaltungen, Verfahren und Programme werden ohne Rücksicht auf die Patentlage mitgeteilt. Sie sind ausschließlich für Amateur- und Lehrzwecke bestimmt und dürfen nicht gewerblich genutzt werden.

Alle Schaltungen, technischen Angaben und Programme in diesem Buch wurden von dem Autoren mit größter Sorgfalt erarbeitet bzw. zusammengestellt und unter Einschaltung wirksamer Kontrollmaßnahmen reproduziert. Trotzdem sind Fehler nicht ganz auszuschließen. DATA BECKER sieht sich deshalb gezwungen, darauf hinzuweisen, daß weder eine Garantie noch die juristische Verantwortung oder irgendeine Haftung für Folgen, die auf fehlerhafte Angaben zurückgehen, übernommen werden kann. Für die Mitteilung eventueller Fehler ist der Autor jederzeit dankbar.

Dankwort

Vielen Dank an Janne, Katrin und Daniel für ihre Geduld und ihr Verständnis für meine Arbeit an diesem Buch! Außerdem gilt mein Dank der Firma Heimsoeth Software/München, die mir Turbo C freundlicherweise zur Verfügung gestellt hat.

Inhalt

		Einleitung	13
Teil 1:		**Einführung in Turbo C**	**15**
1.		**Startvorbereitungen**	**15**
1.1		Compiler oder Interpreter?	15
1.2		Warum eigentlich C?	18
1.3		Kopieren und erster Start	21
2.		**Zum Warmwerden**	**27**
2.1		Der Turbo-Editor	27
2.2		Datei-Verwaltung	29
2.3		Installation und Autostart	31
3.		**Das erste Programm**	**37**
3.1		In kleinen Schritten - Trial and Error	37
3.2		Kopf, Hand und Fuß	39
3.3		Der Aufbau eines C-Programms	41
3.4		Fragen und Antworten	44
3.5		Format muß sein	45
3.6		Vollendung	48
3.7		Zusammenfassung	51
4.		**Schnellkurs für Eilige:**	
		Das Turbo-C-Minimum	**55**
4.1		Die erste Schleife	55
4.2		Zahl oder Zeichen?	58
4.3		Zahlenspiel	59
4.4		Die richtige Adresse	60
4.5		Wenn oder sonst...	62
4.6		Nochmal?	63
4.7		Kommentare und Operatoren	66
4.8		Ein kleiner Abschlußtest	68
4.9		Zusammenfassung	70

Teil 2: Turbo-C-Grundlagen **75**

5.	**Alles muß vereinbart werden**	**75**
5.1	Datentypen	75
5.2	Zeichen oder Zahlen?	77
5.3	Vereinbarungen	79
5.4	Konstant oder variabel	81
5.5	Merkwürdigkeiten?	83
5.6	Startwerte	85
5.7	Ihr Typ ist gefragt	86
5.8	Zusammenfassung	89
6.	**Funktionen**	**93**
6.1	Turbo C ist lernfähig	93
6.2	Eine neue Anweisung	95
6.3	Innerhalb und außerhalb	98
6.4	Gelernt und schon verstanden	101
6.5	Wiederverwendung von Funktionen	103
6.6	Verbindungen	107
6.7	Zusammenfassung	111
7.	**Operation und Kontrolle**	**113**
7.1	Ein bißchen Mathematik	113
7.2	Zuweisungen	116
7.3	Inkrement und Dekrement	118
7.4	Vergleichen Sie!	121
7.5	Wahr oder falsch	123
7.6	Entscheidung	125
7.7	Zusammenfassung	128
8.	**Wiederholung durch Schleifen**	**131**
8.1	...solange nicht o.k.	131
8.2	do..while	133
8.3	Anfang oder Ende?	135
8.4	Zählen will gelernt sein	138
8.5	"for" oder "while"?	141
8.6	"for" kann noch mehr!	144
8.7	Zusammenfassung	146

9.	**Argumente für Funktionen**	**149**
9.1	Übertragungsprobleme	149
9.2	Nehmen und geben	152
9.3	Adressen und Zeiger	154
9.4	Zwischenlösung?	156
9.5	get it and put it	160
9.6	"return"-Werte	163
9.7	Zusammenfassung	166
10.	**Programmstrukturen**	**169**
10.1	Angebot und Auswahl	169
10.2	Wählbare Optionen	170
10.3	Komplettierung	174
10.4	Wer die Wahl hat...	176
10.5	...hat die Qual	178
10.6	Zusammenfassung	180
Teil 3:	**Turbo C Intern**	**183**
11.	**Strings und Zeiger**	**183**
11.1	Nummern und Adressen	183
11.2	Bestimmt oder unbestimmt	184
11.3	Endmarke	186
11.4	Endlos-Ketten?	187
11.5	Vergleichen von Strings	189
11.6	Gleich oder ungleich?	192
11.7	String-Manipulationen	194
11.8	Nochmal Zeiger und Adressen	197
11.9	Zusammenfassung	200
12.	**Felder und Strukturen**	**203**
12.1	Datenfelder	203
12.2	Datenvielfalt	205
12.3	Alles in allem...	208
12.4	Datenstrukturen	210
12.5	Feld oder Zeiger?	213
12.6	Zusammenfassung	216
13.	**Daten-Verkehr**	**219**
13.1	Input/Output-Variationen	220
13.2	Öffnen und Schließen	223

13.3	Schreiben und Lesen	226
13.4	Disketten-Zugriffe	229
13.5	Vorsicht!	231
13.6	Weitere Disketten-Operationen	233
13.7	Zusammenfassung	236

14.	**Buntes Allerlei**	**239**
14.1	Salto rückwärts	239
14.2	Gehupft wie gesprungen?	241
14.3	Funktionen und Makros	243
14.4	Speicherklassen	245
14.5	"main" übernimmt	247
14.6	Zusammenfassung	250

15.	**Nachschlag**	**253**
15.1	Reste	253
15.2	Turbo-Erkundungsgang	258
15.3	Einstellungen	260
15.4	Schlußwort	263

Teil 4:	**Hilfe!**	**265**
16.	**Turbo C im Überblick**	**265**
16.1	Wörter und Funktionen	265
16.2	Steuerzeichen und Operatoren	276

17.	**Fundgrube**	**279**
17.1	Typische C-Fehler	279
17.2	Über BASIC oder Pascal zu Turbo C	289
17.3	Turbo C auf's Stichwort	293

| | **Nachwort** | **297** |

	Anhang A: Editor-Befehle	**299**
	Anhang B: Die Menüs von Turbo C	**303**
	Anhang C: MS-DOS-Hilfen	**307**
	Anhang D: ASCII/IBM-Zeichensatz	**309**

| | **Stichwortverzeichnis** | **313** |

Einleitung

Warum haben Sie dieses Buch aufgeschlagen? Wollen Sie nur mal reinschauen? Interessieren Sie sich für Turbo C und erwägen Sie gar einen Kauf? Wenn Sie nicht sicher sind, ob Sie sich überhaupt einen Computer anschaffen sollen, so rate ich Ihnen (zunächst noch) dringend vom Kauf dieses Buches ab! Denn wenn man noch keinerlei Programmier-Erfahrung hatte, womöglich noch gar nicht über einen Computer verfügte, mit einem Betriebssystem nicht allzuviel anzufangen wußte, war es bisher nicht ratsam, ausgerechnet C zu lernen. Denn gerade darüber hört man, daß die Handhabung eines C-Systems viel Geduld, Ausdauer und Disziplin verlangt.

Immerhin gibt es Sprachen, die einfacher zu erlernen sind als C und die für den Anfänger weniger Tücken haben. So bietet die Firma Borland auch andere "Turbos" an, beispielsweise Turbo Pascal und Turbo BASIC. Ich will Ihnen aber gar nicht von C abraten, denn vielleicht haben Sie es sich schon fest in den Kopf gesetzt, eben diese Programmiersprache zu erlernen. Und Turbo C macht es auch dem Einsteiger (und dem Umsteiger von anderen C-Compilern!) leichter: In ungewöhnlich komfortabler Weise lassen sich Programm-Bearbeitung und Programm-Lauf steuern. Die Texteingabe, das Auffinden und Ausbessern von Fehlern, die flotte Übersetzung der Programme in kompakte und schnelle Maschinensprache, all das geht bequem, spart Zeit und auch Nerven - besonders für Anfänger, aber auch für "alte Hasen"!

Turbo C ist also kein neuer C-Dialekt. Denn C ist eine sehr standardisierte Sprache, in der viele Programme auf nahezu jedem Computer - vom "Homecomputer" bis zur "Großrechenanlage" - in fast unveränderter Form lauffähig sind! Aber Turbo C ist die Übertragung eines bereits in Turbo Pascal erfolgreich erprobten und in Turbo BASIC weiter entwickelten Konzeptes auf die Sprache C.

Doch nun zu dem, was Sie in diesem Buch erwartet. Für den ersten Teil dieses Buches habe ich mir vorgenommen, Ihnen einen möglichst schnellen ersten Zugang zu Turbo C zu verschaffen. Sie werden in den Umgang mit Editor, Compiler und Linker eingeweiht und erhalten außerdem eine Einführung in die Sprache C. Falls Sie bereits einfachere Programme in BASIC, Pascal oder in einer anderen Programmiersprache geschrieben und es mit dem Umstieg eilig haben, so sollten Sie schon nach wenigen Tagen ebensolche einfachen Programme in Turbo C schreiben können.

Der zweite Teil befaßt sich mit Grundlegendem: Datentypen, Funktionen, Operatoren, Kontrollstrukturen, Programmaufbau. Wenn Ihnen das alles noch nichts sagt, dann schauen Sie doch mal rein: Hier geht es langsamer, aber auch gründlicher zu.

Sozusagen an's "Eingemachte" geht es im dritten Teil: Von der Struktur von Daten über die Handhabung von Zeichenketten, Zeigern, Daten und Dateien, bis hin zum Diskettenbetrieb sowie einer abschließenden Nachlese, in der wir auch die Turbo-Umgebung noch einmal unter die Lupe nehmen, um das (hoffentlich gute) Bild von Turbo C abzurunden.

Der vierte Teil soll Ihnen möglichst viel und rasche Hilfe bieten: Einmal bekommen Sie einen Überblick über alle im Buch vorkommenden Wörter in Turbo C; an Beispielen werden wesentliche Fehler behandelt, die Ihnen als Einsteiger oder Umsteiger unterlaufen könnten; falls Sie nach bestimmten Wörtern für Ihre C-Programme suchen, finden Sie diese in einer ergänzenden Zusammenstellung. Als Umsteiger von BASIC oder Pascal finden Sie hier auch passende Vergleichstabellen.

Im Anhang erhalten Sie dann das Wesentliche über die Turbo-C-Programmierumgebung in Zusammenfassung, praktische Hinweise zum Betriebssystem Ihres Computers (MS-DOS) sowie einige Tabellen.

Teil 1: Einführung in Turbo C

1. Startvorbereitungen

Die Sprache BASIC kennen Sie sicher. Von dieser Sprache heißt es, daß sie leicht zu erlernen ist; daß im Programm vorkommende Variablen nicht vereinbart werden müssen - von Ausnahmen abgesehen; daß zu wiederholende Teile oder Verzweigungen einfach durch Sprünge erzeugt werden können; daß man direkt drauflos programmieren kann, ohne dabei allzulange überlegen zu müssen. Kurz: Die ideale "Anfänger-Allzweck-Programmiersprache" - was "BASIC" entschlüsselt und frei übersetzt ja auch heißt.

Möglicherweise kennen Sie (auch) Pascal: Von Pascal heißt es, daß dies eine "disziplinierte" Sprache mit "Struktur" ist - was immer man darunter verstehen mag; daß alle verwendeten Variablen vereinbart werden müssen; daß man eigene Verfahren vereinbaren und diese zu einer spracherweiternden Bibliothek zusammenstellen kann; daß man aber erst genau überlegen muß, ehe man programmieren kann.

Schließlich haben Sie auch noch von C gehört: Was denn? Daß es ähnlich "strukturiert" sein soll wie Pascal und ähnlich schnell wie die Sprache des Prozessors selbst? Aber ist C auch ähnlich leicht zu erlernen wie BASIC?

1.1 Compiler oder Interpreter?

Daß BASIC in der Regel eine Interpreter-Sprache ist, ist Ihnen wohl bekannt: Die Anweisungszeilen werden Schritt für Schritt abgearbeitet und in eine dem Prozessor verständliche Form übersetzt; tritt ein Fehler auf, bleibt das Programm wenigstens bis zur Fehlerstelle lauffähig. Außerdem werden von einem Interpreter direkt eingegebene Befehle unmittelbar ausgeführt.

Vielleicht wissen Sie auch, daß Pascal und C Compiler-Sprachen sind: Ein Programm wird immer nur als Ganzes in die Sprache des Prozessors übersetzt; erst wenn es völlig frei von "Sprach-Fehlern" ist, wird es lauffähig. Direkt eingegebene Befehle kann ein Compiler also nicht ausführen.

Bleiben wir beim Vergleich Interpreter - Compiler: Man kann Compiler und Interpreter mit einem Übersetzer von ausländischer Literatur und dem Dolmetscher eines ausländischen Politikers vergleichen: Der Übersetzer hat das Gesamtwerk vor sich und überträgt es in eine für uns gut lesbare - also optimierte - Form. Dazu braucht er seine Zeit; die Übersetzung bleibt aber nach ihrer Fertigstellung dauerhaft. Der Dolmetscher überträgt Bruchstücke einer Rede hintereinander direkt in eine für uns möglichst gut verständliche Form. Das geht recht flott; das Ganze wiederholt sich bei der nächsten Rede aber von neuem. Vergleichen Sie eine in Fernsehen oder Rundfunk gehörte gedolmetschte Rede eines amerikanischen Präsidenten mit der (am nächsten Tag) in der Zeitung gelesenen Übersetzung: Welche von beiden ist erträglicher?

Hat der Compiler ein vollständig fehlerfreies Programm erst einmal in die Sprache des Prozessors übersetzt und um einen sogenanntes "Runtime"-Modul ergänzt, so ist dieses Programm von nun an ohne den Compiler lauffähig und für den Computer verständlich! Ein Interpreter dagegen arbeitet ein Programm bei jedem "RUN" von neuem Zeile für Zeile ab, übersetzt also jedesmal neu. Das bedeutet, daß das verhältnismäßig viel Zeit kostet und daß kein Programm ohne Interpreter läuft!

Kurz gefaßt ist ein kompiliertes Programm also sehr schnell und benötigt relativ wenig Platz im Arbeitsspeicher; ein interpretiertes Programm dagegen ist eher behäbig und hat den Interpreter immer bei sich. Grundsätzlich ist zu sagen: Wollen Sie eine Sprache völlig neu lernen, um sich eigentlich eher nur spielerisch mit dem Programmieren zu befassen (nach dem Motto: "Mal sehen, wie Programmeschreiben so ist"), so genügt ein recht gutmütiger Koloß wie z.B. der mitgelieferte BASIC-Interpreter zu Ihrem PC! Sind Sie jedoch gewillt, eine Sprache zu erlernen, um damit eher professionelle Programme zu verfassen, die die

Fähigkeiten Ihres PC weitgehend ausnutzen, so muß Ihre Wahl auf eine moderne Compilersprache wie z.B. Turbo Pascal, Turbo BASIC oder Turbo C fallen!

Sehen wir uns doch einmal die Grundstruktur einer höheren Programmiersprache an: Über was sollte eine solche Sprache verfügen? Sie sollte leicht erlernbar sein, sollte möglichst nah an unserer Umgangssprache orientiert sein. Darüber hinaus sollte es geben:

- vielfältige Möglichkeiten, Daten zu strukturieren und flexibel zu handhaben, gegebenenfalls eigene Datentypen festzulegen;

- wirkungsvolle Strukturen für die Verzweigung und die Wiederholung in Programmen, nach Möglichkeit gleich mehrere zur Auswahl, um sich der gegebenen Programmiersituation optimal anpassen zu können;

- sinnvolle Befehlsstrukturen und Operationsmöglichkeiten, die auch der Arbeitsweise des Prozessors entgegenkommen;

- die Möglichkeit, (umfangreiche) Programme in überschaubare Module zu zerlegen, eigene Routinen und Verfahren zu vereinbaren, eine Bibliothek - auch außerhalb des Arbeitsspeichers - aufzubauen und nach Bedarf in neue Programme einzubinden.

Der aus der Heimcomputer-Ära verbliebene BASIC-Standard (beispielsweise eines C64) hat da nichts oder nur wenig vorzuweisen. Eher schon die inzwischen vielseitiger gewordenen Versionen, die den PCs, STs, Amigas oder Macintoshs beigefügt sind. In anderen Sprachen wie Pascal oder C gibt es eine Menge an Möglichkeiten der strukturierten Programmentwicklung.

1.2 Warum eigentlich C?

Wir sollten uns nun kurz mit den Unterschieden zwischen diesen beiden Sprachen befassen:

Als Nikolaus Wirth Anfang der 70er Jahre Pascal entwickelte, dachte er dabei hauptsächlich an eine Lehrsprache: Tatsächlich ist Pascal in seinen Grundzügen verhältnismäßig leicht und schnell erlernbar. Außerdem sind in Pascal verfaßte Programmtexte auch von denen leicht lesbar, die das Programm nicht geschrieben haben. (Suchen Sie mal in manchen fremden BASIC-Listings nach Lesbarkeit!)

Die Sprache C wurde Mitte der 70er Jahre von Dennis Ritchie mit dem Ziel entwickelt, eine prozessor- und systemnahe Sprache für Profis zur Verfügung zu haben. Tatsächlich wurden bis heute viele umfangreiche Projekte mit Hilfe von C verwirklicht: Das Betriebssystem UNIX, das auch im PC-Bereich zunehmend Verbreitung findet, wurde fast vollständig in C geschrieben. Gleiches gilt für die Betriebssysteme der neuen Computergeneration ATARI ST und Amiga und auch das neue Betriebssystem OS/2 (von Microsoft), für die bekannten Textverarbeitungs-Programme "Word" und "WordStar 2000" sowie für eine ständig wachsende Anzahl anderer Anwenderprogramme.

Der Grund für die bei Software-Häusern zunehmende Verwendung einer strukturierten Sprache wie C (statt Assembler) ist nicht nur die große Kompaktheit von C-Programmen und die prozessorfreundliche Sprachform von C, sondern auch die Tatsache, daß C standardisiert ist wie kaum eine (keine?) andere Programmiersprache: C verfügt über einen kleinen, aber sehr sinnvoll ausgewählten Wortschatz, wodurch der Compiler leicht auf jedem beliebigen Computertyp zu implementieren ist. Alle zusätzlichen Befehlswörter sind in Bibliotheken abgelegt und z.T. auch in C programmiert.

Das ist ähnlich wie in Pascal, nur hat Pascal nicht einen so effizienten Grundwortschatz, nicht eine so umfangreiche Anzahl von Operatoren, und die verschiedenen Pascal-Versionen weichen zum Teil sehr stark voneinander ab. Im übrigen lassen sich

Startvorbereitungen

Pascal-Programme ohne allzu große Schwierigkeiten in C übertragen und dort dann weiter optimieren; der umgekehrte Weg ist etwas mühseliger, weil C-Programme kompakter sind und C (z.B. im Bereich der Ein-/Ausgabe) teilweise erheblich flexibler ist. Erfahrungsgemäß ist der Programmieraufwand in C zum Teil deutlich geringer als der in Pascal: Wenn Sie schon Pascal-Erfahrungen haben, können Sie während der Durcharbeitung dieses Buches Vergleiche anstellen.

Wegen der hohen Portabilität (=Übertragbarkeit) von C sind die Beispiele sicherlich auch auf jedem anderen C-Compiler ohne größere Probleme lauffähig. Falls Sie noch einen Homecomputer aus früheren Tagen besitzen und Ihnen dazu einmal ein C-Compiler über den Weg läuft - z.B. gibt es C für den C64/128 und den Spectrum/QL - dann probieren Sie das doch mal aus!

Die bekanntesten C-Versionen für den PC sind wohl bisher Lattice-C und MS-C. "MS" ist die Abkürzung für "Microsoft"; das ist das Softwarehaus, das auch das Betriebssystem MS-DOS für Ihren PC "gebaut" hat. Das neue Turbo C steht diesen professionellen Programmierpaketen nicht nach - im Gegenteil. Üblich war nämlich (bisher) dieser Ablauf:

Zuerst wird der Editor aufgerufen - im allgemeinen von Diskette. Sie geben Ihren Text - den sogenannten Quelltext - ein und sichern ihn anschließend auf Diskette. Nun rufen Sie den Compiler auf. Der kommt wieder von Diskette, holt auch Ihren Quelltext von Diskette, übersetzt ihn in eine prozessorgerechte Form, den Maschinencode. Einige Compiler legen dazu Zwischendateien (wiederum auf Diskette) an. Bei Übersetzungsfehlern bricht der Compiler mit einer Hinweismeldung ab: Sie müssen zurück in den Editor, das heißt diesen erneut von Diskette laden und das Ganze wiederholt sich, bis ein fehlerfreier Code für den Prozessor vorliegt. Damit haben Sie bereits ein lauffähiges Programm, den sogenannten Objectcode - wieder auf Diskette.

Damit das Ganze nun wirklich selbständig lauffähig ist, müssen Sie jetzt noch den sogenannten Linker aufrufen - auch von Diskette. Der bindet in den Objectcode noch eine sogenannte "Runtime"-Bibliothek ein. Mit dem Linker können Sie aber auch weitere (andere, bereits vorhandene) Programm-Module oder Bibliotheken zusammenbinden und daraus ein umfangreiches Programm machen, das wiederum auf Diskette gesichert wird.

Eine zusätzliche Bemerkung zum Object- oder Maschinencode scheint mir nötig: Maschinensprache nennt man die Sprache, die der Prozessor - die "Denkzentrale" des Computers - spricht und versteht. Wenn Sie Programme erzeugen wollen, die an Schnelligkeit und Kompaktheit nicht mehr zu übertreffen sind, so müssen Sie mit dem Prozessor direkt sprechen.

Das "Alphabet" des Prozessors umfaßt aber nur die Zeichen "0" und "1"! Diese können beliebig aneinandergereiht werden und weil der Zeichenvorrat so umfangreich ist, werden die Ketten auch entsprechend lang und unübersichtlich. Daher ist diese Gesprächsform für uns Menschen recht fehleranfällig: Leicht kann es passieren, daß wir dem Prozessor etwas sagen, was wir ihm nie hätten sagen sollen!

Damit Ihre Gespräche nicht allzu trocken und öde werden, bietet sich Ihnen die Assembler-Programmierung an: Hier werden Gruppen von Nullen und Einsen durch Befehlskürzel ersetzt, die man sich leichter merken kann. Dennoch ist diese Art der Programmierung schwieriger als die in C. Wenn Sie sich für diese Art der Programmierung interessieren, können Sie auch in Turbo C davon Gebrauch machen, denn Turbo C hat einen eingebauten Assembler (Inline-Assembler). Am besten, Sie blättern hierzu einmal ein Buch zum Prozessor Ihres Computers - z.B 8088/8086/80286 - durch!

Die Zeit, die alle diese Vorgänge - Editieren und davon getrenntes Kompilieren und Linken - benötigen, hat dem Compiler gegenüber dem Interpreter vor allem bei Anfängern einen schlechten Ruf eingebracht. Denn besonders für diejenigen, die bei ihren Programmierversuchen noch häufig Fehler machen, erscheint der Zeitaufwand für einen (solchen) Compiler zermürbend. Ein Interpreter dagegen arbeitet mit dem Editor Hand in Hand. Man hat das Gefühl, beides sei eine Einheit.

Startvorbereitungen 21

Und was ist mit Turbo C? Bereits Turbo Pascal hat bei seinem Erscheinen Aufsehen erregt, weil die oben geschilderte "Praxis" auch bei Pascal üblich war. Mit Turbo Pascal wurden Editor und Compiler sowie die Programmbibliothek in einem Rutsch in den Arbeitsspeicher des Computers geladen und waren somit jederzeit auf Tastendruck verfügbar. Das Arbeiten mit Turbo Pascal sparte viel Zeit und Nerven!

Ähnlich ist es beim neuen Turbo C - genauer gesagt: bei der einen der beiden Versionen. Denn Turbo C befindet sich in zwei Ausführungen auf Ihrem Diskettenpaket: Einmal in der traditionellen Form ("tcc.exe" auf der zweiten Diskette). Die ist wohl für die Umsteiger von anderen C-Compilern gedacht. Die eigentlich interessantere Version (auf der ersten Diskette mit dem Namen "tc.exe") werden wir hier verwenden: Nachdem sie geladen ist, befinden sich Editor, Compiler und Linker "am Stück" im Arbeitsspeicher. Nur die Include-Dateien und die Bibliotheken warten noch auf Diskette. Gleiches gilt für Programmteile, die Sie zusammenbinden möchten. Turbo C kommt bei seiner Arbeit also nicht ohne Diskette (oder Festplatte) aus. Trotzdem sind die Geschwindigkeiten beim Kompilieren und Linken um ein Vielfaches höher, als man es bisher von C-Paketen gewohnt war. Alle Prozesse werden von einem Hauptmenü aus einfach per Tastendruck angesteuert. Auch alle übrigen Einstellungen lassen sich schnell und recht problemlos erledigen.

1.3 Kopieren und erster Start

Sie möchten am liebsten gleich anfangen? Gedulden Sie sich bitte noch eine Weile, schalten Sie Ihren Computer ein und fertigen Sie zuallererst eine Sicherheitskopie an. Falls Sie (noch) nicht wissen, wie das geht:

1. Einlegen der Diskette mit dem Betriebssystem in das vorhandene Laufwerk;

2. Eingabe des Befehls:

   ```
   A>diskcopy
   ```

   Es erscheint die Meldung:

   ```
   Quelldiskette einlegen in Laufwerk A:
   ... wenn bereit, eine Taste betätigen
   ```

3. Disketten-Wechsel:

   Einlegen einer Turbo C-Diskette, Drücken einer Taste. Es erscheint die Meldung:

   ```
   Zieldiskette einlegen in Laufwerk A:
   ... wenn bereit, eine Taste betätigen
   ```

4. Disketten-Wechsel:

   Einlegen einer Diskette, von der Sie sicher sind, daß sie leer ist oder daß der Inhalt gelöscht werden kann. Je nach verfügbarem Arbeitsspeicherplatz wiederholt sich dieser Vorgang nun mehrere Male, bis Sie schließlich die Frage:

   ```
   Noch eine Kopie (J/N)?
   ```

   auf das Ende des Kopiervorgangs aufmerksam macht. (Sie sollten nun gleich die übrigen Turbo-C-Disketten kopieren und können abschließend mit "N" aussteigen). Ähnlich gehen Sie bei zwei verfügbaren Laufwerken vor. Nach Eingabe des Befehls:

   ```
   A>diskcopy a: b:
   ```

   (Leerzeichen nicht vergessen!)

   erscheint die Meldung:

```
Quelldiskette einlegen in Laufwerk A:
Zieldiskette einlegen in Laufwerk B:
... wenn bereit, eine Taste betätigen
```

Nun legen Sie jeweils die beiden entsprechenden Disketten ein und warten, bis Ihnen das Kopier-Ende signalisiert wird. Eine andere Möglichkeit bei zwei Laufwerken wäre das Kopieren über den Befehl

```
A>copy a:*.* b:
```

Nachdem Sie nun Sicherheitskopien besitzen, packen Sie Ihre Originaldisketten gut weg. (Und holen Sie sie nur hervor, wenn alle Ihre Kopien unbrauchbar geworden sein sollten!)

Um Ihre Ungeduld ein wenig zu lindern, können Sie sich Turbo C schon einmal ansehen, wenn Sie es nach Einlegen der 1. Diskette in das Laufwerk A: mit

```
A>tc
```

aufgerufen haben. In einem Schwung wird das ganze Turbo-Paket in den Arbeitsspeicher geladen. Endlich baut sich vor Ihnen das komplette Hauptmenü mit zwei Fenstern auf: In der Bildschirmmitte wird Ihnen signalisiert, daß Sie es wirklich mit Turbo C von Borland zu tun haben. Diese Informationsbox schließen Sie durch Drücken einer Taste.

```
    File   Edit   Run   Compile   Project   Options   Debug
   ┌──────────────────── Edit ─────────────────────────────┐
   │   Line 1  Col 1   Insert Indent Tab   A:NONAME.C      │
   │                                                        │
   │                                                        │
   │                                                        │
   │                                                        │
   │                                                        │
   │──────────────────── Message ──────────────────────────│
   │                                                        │
   │                                                        │
   └────────────────────────────────────────────────────────┘
    F1-Help  F5-Zoom  F6-Edit  F9-Make  F10-Main Menu
```

Wenn Ihnen das gefällt, können Sie gleich die Taste

<PRTSC> bzw. <SHIFT>-*

ausprobieren - ein Drucker sollte aber angeschlossen und in Betriebsbereitschaft sein: Sie erhalten einen kompletten Bildschirm-Ausdruck, eine sogenannte Hardcopy. Dieses seltsam anmutende Wort "PRTSC" ist aus Bruchteilen von "PRINT" (= "Drucke") und "SCREEN" (= "Bildschirm") zusammengesetzt. Es kann nicht schaden, wenn Sie gleich einen weiteren nützlichen Befehl kennenlernen: Vom Betriebssystem aus (!) bekommen Sie mit

print DateiName

oder

copy DateiName prn:

den Text einer Datei (z.B. "readme") von der Diskette auf den Drucker. Voraussetzung ist natürlich, daß die entsprechende Diskette im aktuellen Laufwerk liegt und daß die Datei nur druckbaren Text enthält! Merken Sie sich einen dieser Befehle für Ihre späteren Programm-Listings!

Startvorbereitungen

Jetzt aber wieder zu Turbo C. Das wartet nämlich noch immer auf Ihre Anweisungen über Cursorsteuerung oder per Tastendruck. Wenn Sie wollen, können Sie jetzt ein bißchen experimentieren, was geschieht, wenn Sie eines der Angebote in der Kopfleiste des Hauptmenüs anwählen. Erschrecken Sie nicht, wenn sich da und dort ein weiteres Menü entblättert.

Grundsätzlich gilt: Mit Ansteuern durch die Cursortasten und <RETURN> oder Drücken der Taste mit dem Anfangsbuchstaben können Sie ein eventuell vorhandenes Untermenü öffnen, mit

<ESC>

können Sie es wieder schließen. Und in das Hauptmenü gelangen Sie immer über <F10>.

Wenn Sie Ihre Diskette mit einem Schreibschutz versehen haben, können Sie getrost alles einmal anklicken und abwarten, was geschieht. Dabei sollten Sie sich aber darauf einstellen, gegebenenfalls das gesamte Turbo C noch einmal neu starten zu müssen. Falls Sie nicht irgendwo hängengeblieben sind, aber aussteigen wollen, können Sie das z.B. über <ALT>-X. Und Sie befinden sich wieder in der DOS-Umgebung Ihres PC.

2. Zum Warmwerden

Vielleicht haben Sie nach Ihrem ersten Ausflug in die Welt des Turbo C schon einen kleinen Eindruck von den Wahlmöglichkeiten bekommen, die sich Ihnen hier bieten. Aber genug gespielt! Nach und nach werden Sie auch deren Bedeutung erfahren. Im Moment jedoch geht es mir darum, daß Sie möglichst rasch zu Ihrem ersten Turbo-C-Programm kommen. Beginnen wir also gleich mit den Vorübungen!

2.1 Der Turbo-Editor

Steigen Sie ein in den Editor, indem Sie den Cursor in der oberen Menüleiste auf "Edit" setzen und Ihre Wahl dann mit <RETURN> bestätigen. Oder Sie drücken einfach nur die Taste <E>.

Damit befinden Sie sich im Editorfenster mit der Kopfzeile:

```
    Line 1    Col 1    Insert Indent Tab   A:NONAME.C
```

"Line" und "Col" zeigen Zeile und Spalte an, in der sich der Cursor gerade befindet; "Insert" und "Indent" geben den Eingabe-Modus an: "Insert" heißt "Einfügen", "Indent" bedeutet hier "Einrücken". "Tab" zeigt an, daß Sie mit der Tabulator-Taste (unter der <ESC>-Taste) zu festen Positionen einer Zeile springen können. Das aktuelle Laufwerk heißt "A" und "NONAME.C" deutet darauf hin, daß Ihr (geplantes) C-Programm noch keinen Namen hat.

Programmieren aber wollen wir noch gar nicht, sondern uns erst einmal mit dem Editor anfreunden. Geben Sie einen beliebigen kleinen Text ein. Achten Sie darauf, daß Sie dabei gleich einige Fehler machen, um nachher das Korrigieren zu üben. Falls Ihnen nichts besseres einfällt, so können Sie auch den folgenden Satz eintippen:

```
    Lohnt sich wirklich Trubo-C lernen?
```

Ist Ihnen aufgefallen, wie "Line" und "Col" mitzählen? Oder stört Sie irgend etwas an dem Satz? Weil Sie diese Frage anders formulieren würden? Bessern Sie's doch aus! Aber wie?

Spielen Sie zuerst ein wenig mit dem Cursor: Mit den Cursor-Tasten können Sie diesen innerhalb des Textfeldes hin und her und auf und ab bewegen; im ganzen Fenster nur dann, wenn es ganz mit Text gefüllt ist. Fahren Sie mit dem Cursor jetzt auf das "s" von "sich" und geben Sie "es ", dann auf das "l" von "lernen" und tippen Sie "zu " ein: Ahnen Sie jetzt, was "Insert" bedeutet? Nun sollten Sie auch gleich das "Trubo" in "Turbo" verwandeln: Mit dem Cursor auf das "r" und...

Am besten wäre es, wir könnten das "ru" durch ein "ur" überschreiben: Aber wie? Nun, wir könnten zum Beispiel die Buchstaben "ru" mit Hilfe der <DEL>-Taste löschen und die Folge "ur" einfügen. Eine andere Möglichkeit ist die Benutzung der <BACKSPACE>-Taste (<-). Vergleichen Sie: Bewirken beide Tasten dasselbe?

Und nun schauen Sie einmal, was geschieht, wenn Sie die <INS>-Taste drücken; wenn Sie wollen, wiederholen Sie's gleich mehrmals:

```
        Line 1    Col 1         Indent Tab   A:NONAME.C
```

Die oberste Zeile verändert sich, genauer gesagt: Das Wort "Insert" verschwindet (bzw. erscheint wieder). Sie befinden sich nicht mehr im Einfüge-, sondern im Überschreib-Modus. Wie Sie sehen, lassen sich die Buchstaben "ru" nun einfach durch "ur" ersetzen.

Mit diesen wesentlichen Editor-Befehlen könnten Sie eigentlich schon auskommen; es wäre aber schade, wenn Sie die anderen Möglichkeiten des Turbo-Editors nicht nutzen würden:

So können Sie zum Beispiel Anfang und Ende einer Zeile mit den Tasten

```
        <HOME>    und    <END>
```

erreichen; mit

<CTRL>-N (oder auch <RETURN>)

schaffen Sie Platz für das Einfügen einer neuen Zeile, mit

<CTRL>-Y

können Sie eine Zeile löschen; mit

<CTRL>-<PGUP>

bzw.

<CTRL>-<PGDN>

können Sie den Cursor auf den Textanfang oder das Textende setzen. Dies sind nur einige der Möglichkeiten. Weitere werden Sie im Laufe Ihrer Programmierübungen kennenlernen. Und eine ausführlichere Darstellung der Editor-Funktionen finden Sie im Anhang A.

2.2 Datei-Verwaltung

Wenn Sie sich jetzt noch nicht an Ihr erstes C-Programm wagen wollen, so können Sie die anderen Funktionen durch die Eingabe eines längeren Textes üben. So könnten Sie sich beispielsweise eine oder einige Passagen aus diesem Buch vornehmen. Sie können den Editor auch dazu benutzen, einen Brief zu schreiben. Zuvor aber sollten Sie noch wissen, daß Sie mit

<F10>

aus dem Editor-Window herauskommen. Dann ist die Hauptmenüleiste wieder aktiviert. Mit

<E> bzw. Cursor auf "Edit" und <RETURN>

kehren Sie zum Editor zurück. Sie sollten hier auch schon wissen, was es mit dem links daneben liegenden Menü-Punkt "File" (= "Datei") auf sich hat:

<F> bzw. Cursor auf "File" und <RETURN>
öffnet Ihnen ein "Pull-down"-Menü:

```
File
┌─────────────────┐
│ Load        F3  │
│ Pick    Alt-F3  │
│ New             │
│ Save        F2  │
│ Write to        │
│ Directory       │
│ Change dir      │
│ OS shell        │
│ Quit     Alt-X  │
└─────────────────┘
```

Hier können Sie mit

<S>   oder   "Save" (bzw. direkt mit <F2>)

Ihren Text auf Diskette sichern (falls "NONAME.C", dann auch unter einem von Ihnen gewählten Namen), mit

<W>   oder   "Write to"

können Sie ein benanntes File unter einem anderen Namen (bzw. auch über ein anderes Laufwerk) absichern. Mit

<N>   oder   "New"

löschen Sie ein altes Text-File aus dem Editor, um so ein neues erstellen zu können; mit

<L>   oder   "Load" (bzw. <F3>)

und

<P>   oder   "Pick" (bzw. <ALT>-<F3>)

können Sie ein bereits vorhandenes File von Diskette laden (den Unterschied zwischen "Load" und "Pick" erfahren Sie später); mit

<D>   oder   "Directory"

Zum Warmwerden 31

und

<C> oder "Change dir"

erhalten Sie das Inhaltsverzeichnis der Diskette, die sich gerade im aktuellen Laufwerk befindet bzw. können Sie das aktuelle Laufwerk ändern; und mit

<Q> oder "Quit" (bzw. <ALT>-X)

sagen Sie Turbo C auf Wiedersehen. Ich glaube, das mag für's erste genügen. Mit weiteren Optionen werden wir uns beschäftigen, wenn wir sie benötigen. Ausführlichere Hinweise zum Hauptmenü finden Sie im Anhang B. Ganz Ungeduldige sollten es einmal mit der Taste

<F1>

versuchen: Wenn Sie mit dem englischen Text zurechtkommen, erhalten Sie so Informationen über die Möglichkeiten von Turbo C. Ich bin jedoch voller Hoffnung, daß Sie diese Hilfe nach der Lektüre dieses Buches größtenteils nicht mehr brauchen.

2.3 Installation und Autostart

Mit Ihren kopierten Disketten können Sie nun leider nicht einfach "loslegen": Weil für einen reibungslosen Ablauf das Programm "tc.exe" nicht genügt und die zusätzlich erforderlichen Dateien auf die übrigen Disketten verteilt sind, müssen Sie Ihr Turbo-C-Modell erst zusammenstellen. Dabei können Sie wählen - je nachdem, ob Sie sich mit kleineren Programmen begnügen oder besonders hoch hinaus wollen:

Modell		Programm-Größe	Daten-Größe
TINY	(T)	--- zusammen max.	64 KByte ---
SMALL	(S)	max. 64 KByte	max. 64 KByte
COMPACT	(C)	max. 64 KByte	max. 1 MByte
MEDIUM	(M)	max. 1 MByte	max. 64 KByte
LARGE	(L)	max. 1 MByte	max. 1 MByte
HUGE	(H)	...auch Einzeldaten über 64 KByte	

Um Ihnen die Qual der Wahl zu ersparen, empfehle ich Ihnen das Modell "SMALL". Es ist auch das in Turbo C bereits voreingestellte und genügt für die hier im Buch vorgestellten Programme und wahrscheinlich auch für die meisten, die Sie künftig zu schreiben gedenken. Ansonsten dürfte es für Sie ein leichtes sein, ein Ihnen passendes Modell selbst zu erstellen.

Turbo C funktioniert zwar auch auf einem PC mit nur einem Laufwerk. Allerdings sollte er über 512 KByte (oder mehr) RAM verfügen. Bequemer jedoch ist die Arbeit mit zwei Floppy-Disks oder einer zusätzlichen Festplatte. Für die folgende Installation sind zwei Laufwerke (oder eine sogenannte "RAM-Disk" - vgl. Anhang C) nötig:

1. Eine (leere) Diskette formatieren mit

    ```
    format/s/v
    ```

    Das "s" bedeutet, daß das Betriebssystem sich nach dem Formatieren nun auch auf dieser - ansonsten noch leeren - Diskette befindet; das "v" ermöglicht es Ihnen, der frisch formatierten Diskette einen Namen zu geben.

2. Die soeben formatierte Diskette in Laufwerk B:, die erste Turbo-C-Diskette (mit der Datei "tc.exe") in Laufwerk A: einlegen, und dann mit

    ```
    copy tc.exe b:
    copy tchelp.tch b:
    ```

    die gesamte Turbo-C-Umgebung und die Hilfsdatei übertragen. Das ist Ihre Start-Diskette.

3. Nun schalten Sie mit

    ```
    b:
    ```

    auf das andere Laufwerk um und geben ein

```
copy con autoexec.bat
keybgr
cls
date
time
cls
tc
<CTRL>-Z
```

Und schließen Sie ihre Eingaben mit

```
<RETURN>
```

ab; das File wird automatisch auf Diskette gesichert. "AUTOEXEC.BAT" trifft nach dem (automatischen) Laden des Betriebssystems einige nützliche Vorbereitungen, ehe Sie mit dem Programmieren beginnen: "keybgr" bedeutet "keyboard german" und belegt die Tastatur mit dem deutschen Zeichensatz. "date" und "time" fragen Sie nach dem aktuellen Datum und der aktuellen Zeit. "cls" ist die Abkürzung für "Clear Screen", was "Lösche Bildschirm" heißt. Und "tc" schließlich lädt Turbo C in den Arbeitsspeicher und startet es dann.

4. Nun benötigen Sie noch einige Files von Ihrer Systemdiskette. Wechseln Sie also die Diskette in Laufwerk A: entsprechend um, schalten Sie das aktuelle Laufwerk mit

```
a:
```

wieder auf A: zurück, und kopieren Sie mit

```
copy  a:config.sys  b:
copy  a:ansi.sys    b:
copy  a:keybgr.*    b:
```

die Dateien für die Konfiguration sowie die erweiterte Bildschirm- und Tastatur-Steuerung auf Ihre neue Diskette. (Falls Sie nicht wissen, was diese Dateien bewirken, so belassen Sie es bei diesem Unwissen, oder schauen Sie im DOS-Handbuch Ihres Computers nach.)

5. Die Arbeitsdateien für Turbo C müssen Sie nun von der dritten und vierten Diskette zusammensuchen. Legen Sie zuerst in Laufwerk B: eine neue leere Diskette. Dann kopieren Sie mit

```
copy *.h b:
```

und

```
copy sys\stat.h b:
```

alle Include-Dateien ("Header") und mit

```
copy c0s.obj b:
copy emu.lib b:
copy fp87.lib b:
copy maths.lib b:
copy cs.lib b:
```

die Starterdatei ("c0s.obj") und die benötigten Bibliotheken (Library-Dateien) für das "SMALL"-Modell. ("s" steht für "SMALL" - die Kürzel für die anderen Modelle finden Sie in der obenstehenden Tabelle.)

Jetzt können Sie Ihren PC neu starten - legen Sie die Turbo-C-Start-Diskette nunmehr in Laufwerk A:! Läuft alles problemlos? Sind Sie im Hauptmenü von Turbo C angelangt? Wenn Sie nur über ein Laufwerk verfügen, tauschen Sie anschließend die Startdiskette gegen die Arbeitsdiskette (mit den Include- und den Library-Files) aus. Auf diese Diskette kommt dann auch Ihr C-Programm sowie die Zwischen-Files, die Turbo C ablegt. Die Startdiskette benötigen Sie nur noch, wenn Sie ins DOS zurückkehren wollen oder wenn Sie über <F1> Hilfe anfordern.

Der Einsatz von zwei Laufwerken erfordert einige zusätzliche Voreinstellungen. Dazu öffnen Sie aus der Hauptmenüleiste mit

```
<O>   bzw.   "Options"
```

und dann mit

```
<E>   bzw.   "Environment"
```

ein neues Fenster und tragen in die ersten vier Zeilen (für "Include", "Output", "Library" und "Turbo C") ein:

```
Include directories:    b:
Output    directory:    b:
Library   directory:    b:
Turbo C   directory:    a:
Auto save edit          Off
Backup source files     On
Zoomed windows          Off
```

Bevor Sie das Fenster wieder schließen, will ich kurz die anderen Einstellungen erläutern: Mit

<A> bzw. "Auto save edit   On|Off"

können Sie einen Schalter setzen, damit Ihr Programm vor jedem Lauf erst automatisch auf Diskette gesichert wird. Dagegen bewirkt

<B> bzw. "Backup source files On|Off"

bei "On" folgendes: Soll eine Datei auf Diskette gesichert werden, und gibt es auf der Diskette bereits ein File mit gleichem Namen, so erhält dieses die Kennung ".BAK". Mit diesem Schalter kann also automatisch eine Sicherheitskopie angelegt werden. Von Ihren bearbeiteten Programmen haben Sie dann jeweils eine neueste und eine ältere Fassung. Falls Sie darauf verzichten wollen - was ich Ihnen nicht empfehlen kann -, können Sie diese Funktion abschalten ("Off"). Mit

<Z> bzw. "Zoomed windows   On|Off"

schließlich können Sie das "Edit"- oder das "Message"-Fenster auf volle Bildschirmgröße schalten, haben dann aber jeweils nur eines sichtbar zur Verfügung. Und nun schließen Sie das "Environment"-Window wieder mit <ESC>. Nach

<S> bzw. "Store options"

erscheint schon wieder ein kleines Fenster mit dem Namen "tc-config.tc". Wenn Sie diesen mit <RETURN> oder <ENTER> bestätigen, werden die Einstellungen unter diesem Namen auf der Start-Diskette gesichert. Beim nächsten Start schaut Turbo C in dieser Datei nach und weiß von nun an Bescheid, wo welche Files zu finden bzw. abzulegen sind. Weitere Informationen zum Betriebssystem Ihres PC - wie zum Beispiel zum Kopieren mit nur einem Laufwerk und RAM-Disk - finden Sie im Anhang C.

Das erste Programm 37

3. Das erste Programm

Sie brennen darauf, Ihr erstes Programm in Turbo C zu schreiben; Ihre Disketten liegen bereit. Sie haben Turbo C doch installiert? Oder haben Sie das letzte Kapitel in Ungeduld übersprungen? In Laufwerk A müßte die Startdiskette liegen (und, falls Sie zwei davon haben, in Laufwerk B: die Arbeitsdiskette). Mit

```
A>tc
```

gelangen Sie aus dem Betriebssystem (DOS) in das Turbo-C-Hauptmenü, in dem Sie zwei Fenster ("Edit" und "Message") sowie je eine Kopf- und Fußzeile erwarten. Bei nur einem Laufwerk müssen Sie nun die Start- gegen die Arbeits-Disk austauschen!

3.1 In kleinen Schritten - Trial and Error

Sie sehen die Hauptmenüleiste

```
File  Edit  Run  Compile  Project  Options  Debug
```

und darunter im leeren Editorfenster die Zeile:

```
Line 1    Col 1     Insert Indent Tab   A:NONAME.C
```

Sie wollen endlich loslegen? Ich will Sie nicht aufhalten! Versuchen Sie es gleich damit:

```
"Welche Sprache sprichst du?"
```

Diese Frage soll Ihr PC auf dem Bildschirm ausgeben. (Sie haben doch nichts dagegen, daß Ihr PC Sie duzt?) Tasten wir uns vorsichtig an das Programm heran: Was soll es leisten? Was soll der Computer tun? Er soll einen Text auf den Bildschirm schreiben. Deshalb könnten wir dem Turbo-Compiler sagen:

SCHREIB ("Welche Sprache sprichst du?");

- in C natürlich! Dort lautet die entsprechende Anweisung so:

printf ("Welche Sprache sprichst du?");

Das "print" sehen Sie doch ein (vor allem, wenn Sie ein wenig BASIC kennen) - aber das "f" erinnert Sie eher an einen angehängten Seufzer? Dieses angehängte "f" ist ein Hinweis darauf, daß diese Funktion etwas "mit Format" auszugeben vermag. Und gerade in dieser Hinsicht ist der Befehl "printf" recht vielseitig - wie Sie noch sehen werden. Geben Sie sich also vorläufig mit dieser kargen Information zufrieden! Und jetzt aktivieren Sie das Edit-Window. Das geht mit

<E> bzw. "Edit" (oder mit <Alt>-E)

Wenn Sie dann die obige Zeile eingegeben haben, dürfen Sie nicht erwarten, daß Turbo C gleich loslegt und diesen Befehl ausführt! Sie haben es ja hier nicht mit einem Interpreter zu tun: Der Compiler muß erst Ihren Programm-Text in einen für den Prozessor lesbaren Code übertragen. Und anschließend muß der Linker in diesen Code die zugehörigen Funktionen aus der Bibliothek einbinden.

Dazu betätigen Sie bitte entweder direkt die Tasten

<ALT>-R

oder Sie verlassen Sie den Editor (mit <F10>) und versuchen es über

<R> bzw. "Run"

zum Laufen zu bringen: In der Bildschirmmitte erscheint eine Kontroll-Box:

```
┌─────────── Compiling ───────────┐
│                                 │
│ Main file: A:\NONAME.C          │
│ Compiling: EDITOR -> NONAME.C   │
│                                 │
│                    Total   File │
│  Lines compiled:   1       1    │
│        Warnings:   0       0    │
│          Errors:   1       1    │
│                                 │
│ Available Memory:  363 K        │
│ Errors          :     Press any key │
└─────────────────────────────────┘
```

3.2 Kopf, Hand und Fuß

Der Compiler weigert sich, Ihre Eingabe zu übersetzen? Offenbar ist das für ihn noch gar kein fertiges Programm, sondern eben nur eine (einzelne) Anweisung! Ein Programm jedoch benötigt (nicht nur in C) eine eindeutige Anfangs- und Endmarke - etwa so:

```
ANF.MARKE
:
/* Anweisung */
:
END.MARKE
```

In C sind diese Markierungen kurz und prägnant:

```
{
    printf ("Welche Sprache sprichst du?");
}
```

Wechseln Sie hier mit <RETURN> (oder mit <F6>) von der angezeigten Fehlermeldung im "Message"-Fenster in den Editor. Setzen Sie die eine Marke ({) direkt vor das "printf", und schließen Sie die Eingabe durch <RETURN> ab - das schiebt Ihre "printf"-Anweisung in eine neue Zeile. Dann wandern Sie mit dem Cursor hinter das Semikolon. Ein der Abschlußmarke vorangehendes <RETURN> bringt Sie eine Zeile weiter. Nun

können Sie die andere Marke (}) eingeben. Die geschweiften
Klammern erhalten Sie, indem Sie die Taste <ALT> festhalten
und 123 ({) bzw. 125 (}) im rechten Steuer-/Zifferntastenblock
eingeben. Anschließend können Sie mit

    <F10>

den Editor wieder verlassen. Wenn Sie nun erneut "Run" eingeben, wird Ihnen der Turbo-Compiler wiederum seinen Übersetzungsdienst versagen:

    Declaration syntax error

Was fehlt denn noch? Dem Programm fehlt noch ein klarer
Kopf! Und der heißt in C "main":

```
main
{
   printf ("Welche Sprache sprichst du?");
}
```

Sie wissen doch noch: Die Klammern erreichen Sie durch ALT
123 und ALT 125. Neue Zeilen schaffen Sie durch <RETURN>
oder <CTRL>-N! In der Hoffnung, nun doch ein lauffähiges
Programm zu haben, starten Sie noch einmal durch: Es will einfach nicht klappen! Der Compiler gibt sich mit dem "main" allein nicht zufrieden. Und Ihnen kommt die ständig wiederholte
Fehlermeldung ("Declaration syntax error") auch nicht gerade
sehr hilfreich vor? Versuchen Sie's mal so:

```
main ()
{
   printf ("Welche Sprache sprichst du?");
}
```

Ist der Turbo-C-Compiler endlich bereit, das zu übersetzen?
Und wie Sie an dem Meldefenster in der Bidschirmmitte sehen
können, setzt sich sogar der Linker in Bewegung, das Programm
passend einzubinden:

Das erste Programm 41

```
┌─────────── Linking ───────────
│
│ EXE file : A:\NONAME.EXE
│ Linking  : A:\NONAME.OBJ
│
│                    Total   Link
│    Lines compiled:   4     PASS 1
│          Warnings:   0     0
│            Errors:   0     0
│
│
│  Available Memory: 363 K
│  Success         :       Press any key
```

Dabei läßt er sich Zeit - es sei denn, Sie verfügen über eine RAM-Disk oder einen PC (oder gar AT) mit Festplatte. Immerhin scheint sich Ihre Wartezeit ein wenig zu verkürzen, weil Sie etwas zum Mitlesen haben. Endlich nach zwei Durchläufen (="Passes") ist es soweit: Das Programm läuft tatsächlich!

3.3 Der Aufbau eines C-Programms

Begeistert kommen Sie mir nicht gerade vor! Sie denken wohl: Wenn es bei dem kleinen Programm schon so lange dauert, wie soll das dann bei wirklich umfangreichen Programmen aussehen? Nun, bis Sie soweit sind, größere Programmprojekte zu erstellen, haben Sie gelernt, Ihr jeweiliges Vorhaben erst gründlich zu durchdenken, ehe Sie es dann als Programm eintippen und an Compiler und Linker weiterreichen. Das erspart Ihnen nämlich eine Menge Wartezeit und Ärger!

Viel Zeit sollten Sie aber in jedem Falle haben. Und viel Geduld - auch bei Turbo C! Falls Sie einmal eine Möglichkeit finden, Ihr Programm mit einem anderen C-Compiler zu übersetzen - z.B. mit dem von Lattice oder von Microsoft -, so werden Sie zugeben müssen, daß der Beiname "Turbo" dennoch seine Berechtigung hat.

Schauen wir uns jetzt unser kleines Werk noch einmal an: Sieht doch gar nicht schlecht aus! Was die Klammern hinter dem "main" bedeuten, wollen Sie wissen? Die haben ja letztendlich zum Gelingen unseres ersten Programmversuches beigetragen! Das liegt am Konzept: C hat einen kleinen Grundwortschatz. Und nur diesen Wortschatz versteht der Compiler. Alle Wörter, die über diesen Wortschatz hinaus noch in einem Programm benötigt werden sollten, müssen aus einer Bibliothek hinzugefügt werden. Das (unter anderem) ist Aufgabe des Linkers (Binders). Im allgemeinen sind die Anweisungen, die etwas ausführen sollen, Funktionen - z.B. "printf".

Betrachten wir diese Funktion etwas näher: Wenn wir den Text mitsamt den Anführungsstrichen einmal herausnehmen, so bleibt noch

```
printf ()
```

übrig. Sie haben schon bemerkt, daß diese Ähnlichkeit zu

```
main ()
```

kein Zufall ist: Tatsächlich faßt C das ganze Programm als die Vereinbarung einer Funktion auf, nämlich der "Hauptfunktion" (= "main function"). Den Begriff der Funktion kennen Sie vielleicht noch aus dem Mathematik-Unterricht - Sie erinnern sich nicht mehr (gern)? Zum Beispiel bei

```
f(x)
```

war "f" der Name der Funktion und "x" der Name des Argumentes, des Wertes also, der an die Funktion übergeben, auf den die Funktion angewendet werden sollte. Zurück zur C-Funktion "printf": Hier ist die Zeichenkette

```
"Welche Sprache sprechen Sie?"
```

ein Argument der Funktion "printf". Der Hauptfunktion "main" aber werden offenbar keine Argumente übergeben. Was nicht heißt, daß das nicht auch möglich wäre! Trotzdem müssen einer Funktion immer runde Klammern folgen! Denn diese sind sozusagen die Hände der Funktion. Und manche Funktionen gehen eben mit "leeren Händen" an die Arbeit.

Wie Sie gesehen haben, sind Programme in C so aufgebaut:

Das erste Programm

```
main ()
{
/* Anweisung */
}
```

Und Sie gehen richtig in der Annahme, daß auch mehrere Anweisungen zwischen "{" und "}" erlaubt sind. Beachten Sie jedoch, daß jede Anweisung mit einem Semikolon abgeschlossen werden muß! (Für die Pascal-Kenner unter Ihnen: Im Gegensatz zu "END" auch vor der Beendigungsklammer "}"!)

Das absolut kleinste Programm übrigens sieht so aus:

```
main () { }
```

Es gibt keine Argumente, es gibt keine Anweisungen, also nichts. Tatsächlich geht dieses Programm auch klaglos über Compiler und Linker von Turbo C; aber es tut eben rein gar nichts. Vielleicht haben Sie das "Nichts-Programm" nicht in der obenstehenden Form erwartet. Es hätte ja auch - nach allem was Sie bisher gesehen haben - eigentlich so aussehen müssen:

```
main ()
{
}
```

Aber es geht auch anders; die äußere Form spielt offenbar in C keine (große) Rolle. Und so hätte Ihr erstes Programm auch diese Form haben können:

```
main ()

{ printf ("Welche Sprache sprichst du?"); }
```

oder aber auch diese:

```
main () {printf ("Welche Sprache sprichst du?");}
```

Andere Möglichkeiten sollten Sie selbst finden! Probieren Sie aus, wie weit Sie in Turbo C gehen können.

3.4 Fragen und Antworten

Sie sind natürlich mit mir einer Meinung, daß eine Frage auch eine Antwort verdient: Wie geht es weiter? Was soll der Computer als nächstes tun? Er soll eine Antwort von der Tastatur lesen. Deshalb könnten wir dem Compiler jetzt sagen:

```
LIES (Sprache);
```

- natürlich wieder in C! Und dort heißt die entsprechende Anweisung:

```
scanf (Sprache);
```

"scan" heißt hier soviel wie "abtasten"; zum "f" gilt auch hier das oben Gesagte. Unser Programm hätte dann dieses Aussehen:

```
main ()
{
    printf ("Welche Sprache sprichst du?");
    scanf   (Sprache);
}
```

Sie wagen nicht zu hoffen, daß es so schon läuft? Sie haben recht: Der Compiler erwartet von Ihnen, daß Sie die Variable "Sprache" mit ihm vereinbaren, ehe Sie ihn veranlassen, diese Variable zu benutzen! Was für eine Art von Variable, welcher Typ soll denn "Sprache" sein? Ein Wort, ein Stück Text also. Und Text besteht aus Zeichen, in C "char" genannt. Vereinbaren wir also mit dem Compiler durch

```
char Sprache[10];
```

gleich eine Kette von Zeichen. Die eckigen Klammern geben Sie über die ASCII-Codes 91 ([) und 93 (]) ein! Schon wieder Klammern! C nutzt eben alles an Klammern, was die Tastatur bietet. Diesmal weisen die eckigen Klammern auf ein (10 Zeichen langes) Feld hin, das für die Zeichen "vorgemerkt" werden soll. Starten wir einen weiteren Versuch:

Das erste Programm

```
main ()

{
   char  Sprache[10];

   printf ("Welche Sprache sprichst du?");
   scanf  (Sprache);
}
```

Nun kompiliert Turbo C fehlerfrei und ohne Warnungen, der Linker verrichtet auch (ausgiebig) seinen Dienst. Wie es scheint, klappt alles. Wir sollten aber lieber auf Nummer Sicher gehen und auch den Computer noch einmal unsere Eingabe bestätigen lassen. Versuchen Sie diese Erweiterung:

```
main ()

{
   char  Sprache[10];

   printf ("Welche Sprache sprichst du?");
   scanf  (Sprache);
   printf ("Du sprichst also ", Sprache);
}
```

Entweder der Computer hat vergessen, was Sie ihm (über "scanf") mitgeteilt haben, oder er hat Sie nicht verstanden. Steckt da etwa ein Fehler im Programm, den der Compiler nicht entdeckt hat? Oder ist das Programm zwar (syntaktisch) fehlerfrei, tut aber nicht das, was wir von ihm erwarten? Es ist zum Verzweifeln!

3.5 Format muß sein

Jetzt seufzen Sie mal kräftig! Denn ich komme auf das "f" - zunächst von "scanf". Dazu sollten wir uns genau darüber im klaren sein, was "scanf" eigentlich zu tun hat: Mit "scanf" fragt der Computer die Tastatur ab und merkt sich, welche Tasten gedrückt wurden; anschließend legt er die "abgetastete" Zeichenfolge im Arbeitsspeicher ab. Und damit er sie später auch wiederfindet, muß diese Stelle einen Namen haben. Sie haben es erraten: "Sprache" heißt hier die betreffende Stelle.

Was aber ist denn nun mit dem "f"? Der Computer kann die empfangenen Zeichen nicht einfach ablegen, sondern sie benötigen ein bestimmtes Format; dieses Format kann nicht nur das eines Strings sein, sondern z.B. auch das einer Zahl. Weshalb das von Bedeutung ist? Nun, mit Zahlen kann man rechnen, mit Zeichen (oder Zeichenketten) nicht: Demnach müssen Zahlen und Zeichen verschiedene Formen (sprich: Formate) haben!

Wir müssen also der Funktion "scanf" mitteilen, wie sie die über Tastatur erhaltenen Zeichen verstehen soll: als Zeichen(folge) oder als Zahl. Und wie sieht der "Wink" aus, den wir der "scanf"-Anweisung mitgeben sollen? Schauen Sie sich's doch an:

```
main ()

{
    char  Sprache[10];

    printf ("Welche Sprache sprichst du?");
    scanf  ("%s", Sprache);
    printf ("Du sprichst also ", Sprache);
}
```

"s" ist - wie Sie vielleicht schon erraten haben - das Kürzel für "String" (= Zeichenkette). Und damit der Compiler es als Formatierungszeichen akzeptiert, wird er durch ein vorangestelltes "%" darauf aufmerksam gemacht. Nun sollte es eigentlich soweit funktionieren: Der Computer fragt Sie etwas und erwartet eine Antwort von Ihnen, die er sich dann merkt. Bis dahin wäre alles klar? Bevor Sie jedoch Ihr Programm über Compiler und Linker schicken, sollten Sie auch noch dem "f" von "printf" ein wenig Beachtung schenken, um sich einen erneuten Fehlschlag zu ersparen:

```
main ()

{
    char  Sprache[10];
```

```
    printf ("Welche Sprache sprichst du?");
    scanf  ("%s", Sprache);
    printf ("Du sprichst also %s", Sprache);
}
```

Wie Sie sehen können, dient die Formatanweisung "%s" gleichzeitig als "Platzhalter" für die Variable "Sprache". Sie verstehen eines nicht: "Sprache" ist doch eindeutig als Folge von Zeichen vereinbart worden. Und auch an der von "Sprache" bezeichneten Stelle wurden Zeichen in einem entsprechenden Format (%s) abgelegt! Wozu also schon wieder ein Format in der "printf"-Anweisung?

Das, was Ihnen jetzt mehr als Schikane für Anfänger erscheinen mag, macht aber die Funktionen "printf" und "scanf" so vielseitig: Da auch für die Ausgabe mit "printf" die Angabe eines Formates gefordert ist, kann auch ein anderes als das bei "scanf" verwendete Format (für dieselbe Variable) eingesetzt werden. Ich merke schon, allzu sensationell erscheint Ihnen das nicht; aber einem geübten Programmierer kann das durchaus gelegen kommen!

Sie können sich jedoch auch damit trösten, daß Turbo C Ihnen eine solch komfortable Fehlerbehandlung bietet: Erscheinen im "Message"-Fenster gleich mehrere (bis viele) Meldungen, so finden Sie zunächst eine der Meldungen - nämlich die aktuelle - sichtbar markiert vor. Außerdem landen Sie nach einem Druck auf <RETURN> sofort im "Edit"-Fenster an der Stelle, an der Sie den betreffenden Fehler vermutlich finden können. Wenn Sie eine der Tasten <F8> oder <F7> betätigen, können Sie im Editor von Fehler zu Fehler hüpfen:

   vorwärts mit   <F8>
   rückwärts mit   <F7>

Und im "Message"-Fenster wandert der Zeigerbalken für den gemeldeten Fehler mit. Haben Sie sich dann entschlossen, an einer Stelle mit den Reparaturarbeiten zu beginnen, so sind Sie bereits "vor Ort". Mit <F6> geht's in das Meldefenster, in dem Sie auch bei besonders vielen Fehlern zuerst einmal mit den

Cursortasten von Meldung zu Meldung vor und zurück"blättern" können.

3.6 Vollendung

Etwas hat Ihnen nicht gefallen? Nehmen wir an, Sie haben auf die Frage

"Welche Sprache sprichst du?"

als Antwort "C" eingegeben, sah die Bildschirmdarstellung jedes Mal so aus:

Welche Sprache sprichst du?C

Eine unschöne Angelegenheit, die wir gleich ändern sollten! Die Anweisung "printf" bewirkt offenbar, daß der Cursor da auf dem Bildschirm "stehenbleibt", wohin er während der Zeichendarstellung "geschoben" wurde. Sie könnten die "printf"-Anweisung nun einfach ein bißchen erweitern:

```
:
printf ("Welche Sprache sprichst du? ");
scanf ("%s", Sprache);
printf ("Du sprichst also %s", Sprache);
:
```

und schon hätte die Antwort (z.B. "C") einen gewissen Abstand von der zuvor gestellten Frage. Damit der Cursor aber nach einer "SCHREIB"- oder "LIES"-Anweisung in eine neue Zeile springt, muß die Funktion "printf" einen zusätzlichen Hinweis erhalten. Dieser Hinweis erfolgt über ein (Bildschirm-)Steuerzeichen. Damit der Compiler erkennt, daß es sich um ein solches Zeichen handelt, wird ihm das mit einem vorangestellten "\" (="backslash") signalisiert. Das Zeichen "\" erhalten Sie mit Hilfe von <ALT> und 92 oder Sie finden es in der Nähe der linken <SHIFT>-Taste.

Das erste Programm

Womit das Programm dann so heißt:

```
main ()

{
   char  Sprache[10];

   printf ("Welche Sprache sprichst du?\n");
   scanf  ("%s", Sprache);
   printf ("Du sprichst also %s", Sprache);
}
```

Das "\n" steht für "neue Zeile" ("newline"). Ein Programmlauf bestätigt, daß das "n" (genauer: das "\n") nicht als Text auf dem Bildschirm ausgegeben wird, sondern tatsächlich einen Zeilenvorschub bewirkt. Vielleicht haben Sie auch bemerkt, daß nach "scanf" offenbar kein Zeilenvorschub nötig ist: Der Satz "Du sprichst also..." beginnt in einer neuen Zeile.

Nun sollten Sie Ihr erstes Programm (schon der Erinnerung wegen) auf Diskette sichern! Das können Sie entweder direkt über die Taste

<F2>

oder über das Hauptmenü mit

<F> bzw. "File"

und

<S> bzw. "Save"

Ein kleines Fensterchen tut sich Ihnen auf:

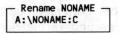

Sie haben jetzt die Möglichkeit, Ihrem Erstlingswerk einen Namen zu geben. Wenn Ihnen nichts Originelleres einfällt, nennen Sie es einfach "ERSTES", und schließen Sie die Namens-Eingabe mit <RETURN> bzw. <ENTER> ab. Das ".C" als Kennung eines C-Files wird automatisch angehängt.

Fast zum Ende dieses Kapitels möchte ich nun für die Umsteiger unter Ihnen, die von BASIC und/oder Pascal her kommen, noch die vergleichbaren Versionen in den Turbo-Versionen dieser beiden Sprachen anfügen, damit ihnen der Abschied nicht zu schwerfällt:

Beispiel in Turbo BASIC:

```
rem erstes
   print "Welche Sprache sprichst du?"
   input, Sprache$
   print "Du sprichst also " Sprache$
end
```

Beispiel in Turbo Pascal:

```
program erstes;

var Sprache: string[10];

begin
   writeln ('Welche Sprache sprichst du?');
   readln (Sprache);
   writeln ('Du sprichst also ', Sprache)
end.
```

Falls Sie in der einen oder anderen Sprache bereits programmiert haben, so sollten Sie einmal systematisch die Unterschiede (auch bei scheinbaren Kleinigkeiten!) heraussuchen und vergleichen.

Abschließend noch eine wichtige Bemerkung: In BASIC und Pascal wird in der Regel nicht zwischen Groß- und Kleinschreibung unterschieden. In manchen Versionen werden sogar kleine Buchstaben eines Befehlswortes beim Listing automatisch in große umgewandelt.

Das erste Programm 51

C jedoch macht sehr wohl einen Unterschied zwischen Groß- und Kleinbuchstaben! So sind fast alle Wörter des Grundwortschatzes und der Standard-Bibliothek nur in Kleinschreibung gültig! Der Compiler erkennt daher z.B. "Printf" oder "PRINTF" nicht als der Anweisung "printf" gleichwertige Wörter an, sondern hält sie für andere Funktionen!

Für den Namen einer Variablen dürfen Sie alle Buchstaben (groß oder klein) sowie die Ziffern verwenden. Das erste Zeichen muß ein Buchstabe sein. Das Unterstreichungszeichen ("_") zählt als Buchstabe. Turbo C unterscheidet bis zu 32 Buchstaben bzw. Ziffern von Variablennamen.

3.7 Zusammenfassung

Für allzu geistreich halten Sie unser erstes Programm wohl nicht? Sie werden aber zugeben müssen, daß es doch ganz lehrreich war! Denn Sie verfügen nun bereits über ein zwar kleines, aber nicht unwesentliches Anfangswissen in Turbo C.

Sie wissen, daß Sie Turbo C (vom Betriebssystem Ihres PC aus) mit "tc" laden, von dort aus mit <E> oder "Edit" (bzw. <ALT>-E) in den Turbo-Editor gelangen. Dann können Sie mit dem Programmieren beginnen. Ihr Programm sichern sollten Sie direkt mit <F2> oder (über <F10>) von der Hauptmenüleiste aus mit <F> bzw. "File" und weiter mit <S> bzw. "Save". Laufen lassen können Sie es dann direkt mit <ALT>-R oder über das Hauptmenü mit <R> oder "Run".

Sie kennen auch schon eine Hilfe, die Ihnen Turbo C bei auftretenden Fehlern bietet: Mit <F6> schalten Sie zwischen den beiden Fenstern für "Edit" und "Message" hin und her, mit <F7> gelangen Sie zum vorhergehenden Fehler und mit <F8> zum nächsten.

Ihnen sind die folgenden C-Wörter bekannt:

```
main,
char,
printf,
scanf,
```

das Semikolon:

```
;
```

die Signalzeichen

```
%   und   \
```

sowie jede Menge Klammern:

```
{, },
(, ),
[, ].
```

Es fällt Ihnen nun sicher nicht schwer, sich noch an die Bedeutung jedes Wortes und jedes Zeichens zu erinnern:

Ein C-Programm muß immer einen Kopf haben:

```
main ()
```

Der Rest des Programms ist der Rumpf. Dieser kann unterteilt sein in den Vereinbarungsteil, z.B.:

```
char Sprache[10];
```

und den Anweisungsteil, z.B.

```
printf ("Welche Sprache sprichst du?\n");
scanf ("%s", Sprache);
printf ("Du sprichst also %s", Sprache);
```

Jede Vereinbarung und jede Anweisung muß mit einem Semikolon abgeschlossen werden! Bis jetzt kennen Sie je eine Anweisung

zur Eingabe: scanf

Das erste Programm 53

und zur Ausgabe: `printf`

Außerdem die Symbole

        `"%s"`   zur Formatierung einer Zeichenkette

sowie

        `"\n"`   zum Vorschub in eine neue Zeile.

Schließlich wissen Sie über Klammern, daß

     {   und   }   den Programmrumpf einrahmen,

     (und   )   Argumente umschließen,

     [und   ]   eine Längenangabe enthalten

können - aber nicht müssen: Sie können auch leer sein!

4. Schnellkurs für Eilige: Das Turbo-C-Minimum

Sie wollen Turbo C lernen, aber erst mal nur das Wesentliche und das ganz ohne Umschweife: Dann sind Sie hier richtig! Natürlich ist das, was Sie hier und jetzt lernen, wirklich nur ein Minimum. Aber Sie erhalten damit schon einen recht guten Einblick in diese Sprache, der Sie befähigt, selbständig kleinere Programme in Turbo C zu schreiben.

Falls Sie schon intensiveren Umgang z.B. mit Turbo Pascal oder Turbo BASIC hatten und in einer dieser Sprachen bereits Routine auch in größeren Programmprojekten haben, dürfen Sie nun nicht allzu viel erwarten. Trotzdem sollten Sie auch dann dieses Kapitel keinesfalls überspringen!

4.1 Die erste Schleife

Sie wissen, wie ein C-Programm aufgebaut ist und kennen auch je eine Anweisung zur Ein- und Ausgabe. Das ist schon etwas sehr Wesentliches. Ebenso wichtig sind auch Möglichkeiten, im Programm auftretende Bedingungen zu testen und Programmteile (beliebig) zu wiederholen.

Nehmen wir ein Beispiel, das denjenigen unter Ihnen sicher nichts Neues ist, die bereits einige Programmiererfahrungen in BASIC oder Pascal haben: Auf dem Bildschirm soll das große Alphabet - ein Buchstabe nach dem anderen - ausgegeben werden. Dabei handelt es sich um eine sich ständig wiederholende Tätigkeit. Verwendung findet eine Schleifenart, über die eigentlich jede mir bekannte Programmiersprache verfügt, nämlich die Zähl-Schleife.

Originell ist dieses Beispiel bestimmt nicht, aber es erfüllt seinen Zweck, Ihnen einige weitere - interessante - Neuigkeiten von C zu vermitteln:

```
main ()

{
  int z;

  for (z = 65; z < 91; z = z + 1)
    printf ("%10d :%10c\n", z, z);
}
```

Wenn Sie dieses Beispiel eingeben wollen, sorgen Sie zuerst durch

<F> bzw. "File"

und

<N> bzw. "New"

dafür, daß der Editor leer ist. Haben Sie das vorhergehende Text-File noch nicht in seiner letzten Fassung auf Diskette gesichert, so fragt Turbo C sie erst, ob Sie das nachholen möchten, ehe das File aus dem Speicher gelöscht wird. Nach der Eingabe können Sie Ihr Programm gleich mit <ALT>-R oder vom Hauptmenü aus über

<R> bzw. "Run"

laufen lassen. Sie können es aber zuvor auch mit <F2> oder vom Hauptmenü aus über

<F> bzw. "File"

und

<S> bzw. "Save"

oder

<W> bzw. "Write to"

auf Diskette sichern. Schauen wir uns das Programm näher an: Die besagten Buchstaben sind dort nirgends zu entdecken. Für den Computer hat jedes Zeichen einen Code - in diesem Falle sind das die Zahlen von 65 bis 90. Und die symbolisieren das Großbuchstaben-Alphabet (vgl. Anhang D).

Sie erinnern sich, daß eine Variable mit dem Compiler vereinbart werden muß? Da es hier um das Zählen geht, haben wir es mit einem neuen Typ zu tun:

"int"

Das ist eine Abkürzung für "integer" (= "Ganzzahl"). Ich nehme an, daß der Klammerinhalt hinter "for" Ihnen einige Rätsel aufgibt. Und auch denen, die schon in einer anderen Sprache programmiert haben, erscheint das sicher ungewöhnlich. Daß "for" die Schleife einleitet, wissen die Umsteiger von BASIC und/oder Pascal.

Ich will den Inhalt der "for"-Struktur einmal so beschreiben:

Zuerst wird der Variablen "z" die Zahl 65 (der Code für den Buchstaben "A") zugewiesen:

z = 65;

Dann wird geprüft, ob der Wert von "z" unter 91 liegt:

z < 91;

Schließlich wird der Wert von "z" um 1 erhöht:

z = z + 1.

Vom Ergebnis der Prüfung hängt es ab, ob die nachfolgende Anweisung ausgeführt wird oder nicht. Somit hat diese Zählschleife die folgende Grundform:

```
for (...)
   printf (...);
```

Auch die "for"-Anweisung sieht einer C-Funktion sehr ähnlich! Man bezeichnet die "for"-Anweisung auch als Kontrollstruktur, weil sie mit Hilfe der "Argumente" in den Klammern einen Anweisungsblock des Programms kontrolliert. Denn die "for"-Anweisung entscheidet, ob und wie oft dieser Teil - hier die "printf"-Anweisung - abgearbeitet werden soll.

4.2 Zahl oder Zeichen?

Jetzt haben Sie sich gerade daran gewöhnt, daß die "printf"-Anweisung für die Ausgabe eines Variablenwertes eine Formatangabe benötigt. Da verwirre ich Sie mit einer solchen Zeichenkette als Format-String:

```
"%10d :%10c\n"
```

Ich will aber gleich versuchen, dieses Gewirr zu entflechten - Schritt für Schritt! Zunächst hätte wohl eine solche Anweisungsform ausgereicht:

```
printf ("%c\n", z);
```

Die hätte bewirkt, daß auf dem Bildschirm in jeder Zeile ein Buchstabe erschienen wäre. Denn wie Sie wohl längst erraten haben, bedeutet das "c" hinter dem "%"-Signal, daß die nachfolgende Variable als Zeichen (= "char") ausgegeben werden soll.

Aber halt! Die Variable "z" war aber doch als "int" - das heißt: ganze Zahl! - vereinbart worden! Na und? Dem Compiler wurde mitgeteilt, daß die Zahl "z" als Zeichen auszugeben sei: Basta! Natürlich hätten wir ja gleich den Typ "char" statt "int" vereinbaren können; aber sehen wir erst einmal weiter.

Wenn Sie jetzt noch wüßten, daß hier mit "%d" die Ausgabe als Dezimalzahl gefordert wird, dann würde Ihnen vielleicht auch klar, warum in der "printf"-Anweisung zweimal die Variable "z" vorkommt:

```
printf ("%d %c\n", z, z);
```

Und so gibt der Computer auch jeweils zweimal den Wert der Variablen "z" aus, nur eben einmal als Zeichen (Buchstabe) aus dem ASCII/IBM-Vorrat und einmal als Zahl - streng nach Vorschrift! (Ich überlasse es Ihnen, dasselbe noch einmal mit einer Vereinbarung von "z" als "char" statt "int" zu versuchen!)

Bleibt noch das Rätsel um die zusätzlichen Zahlenangaben:

```
printf ("%10d %10c\n", z, z);
```

Das aber ist leicht gelöst: Die Angaben "%10d" und "%10c" bedeuten, daß die Variablenwerte mit 10 Stellen ausgegeben werden sollen. Und falls keine 10 Stellen zur Verfügung stehen, so soll der Rest eben mit Leerzeichen ("spaces") aufgefüllt werden. Wie Sie beim Programmlauf sehen, erscheinen die Variablenwerte auch schön brav rechtsbündig untereinander.

Zu allerletzt noch der Doppelpunkt...

```
printf ("%10d :%10c\n", z, z);
```

Aber das wissen Sie schon: Der dient nur der Kosmetik!

4.3 Zahlenspiel

Versuchen wir uns gleich an einem weiteren Programmbeispiel: Nach Eingabe einer beliebigen Zahl soll der Kehrwert dieser Zahl ausgegeben werden. Falls Mathematik in der Schule nicht gerade zu Ihren Leistungsfächern gehörte, darf ich Sie daran erinnern, daß der Kehrwert einer Zahl gleich 1 geteilt durch diese Zahl ist. In C formulieren wir die entsprechende Zuweisung so:

```
Kehrwert = 1 / Zahl;
```

Die Zuweisung eines Wertes oder einer "Operation" (hier: mit dem Operator "/") erfolgt über ein Zeichen, das Sie aus dem Mathematikunterricht als Gleichheitszeichen ("=") kennen. (Dem BASIC-Kenner ist das nichts Neues; wer Pascal kennt, muß sich vom ":=" umgewöhnen.)

Eine Zuweisung haben Sie schon weiter oben in der Klammer der "for"-Anweisung kennengelernt:

```
    i = 0;
```

Die Variablen "Kehrwert" und "Zahl" müssen natürlich vereinbart werden. Eine Vereinbarung als ganze Zahl wäre hier aber nicht angebracht, weil der Kehrwert einer Ganzzahl oft keine ganze Zahl ist! Beispiel: Der Kehrwert von 3 ist 1/3, also 0.333... Auf diese Weise lernen Sie gleich einen weiteren Variablen-Typ kennen, wenn Sie sich unser vorläufiges Programm-Listing anschauen:

```
main ()

{
  float Zahl;
  float Kehrwert;

  printf ("Gib eine Zahl ein:\n");
  scanf  ("%f", Zahl);
  Kehrwert = 1 / Zahl;
  printf ("Der Kehrwert von %f ist %f", Zahl, Kehrwert);
}
```

"float" kennzeichnet eine Gleitpunktzahl ("floating point"). Dazu passend erhalten die Ein- und Ausgabeanweisungen die Formatangabe "%f".

4.4   Die richtige Adresse

Aber das Programm läuft nicht so, wie wir's gern hätten! Offenbar stimmt etwas mit der Übernahme der "Zahl" nicht. Liegt das vielleicht an der "scanf"-Anweisung? Wie Sie sich erinnern, habe ich Ihnen im letzten Kapitel erzählt, daß diese Anweisung von der Tastatur empfangene Zeichen an einer bestimmten Stelle im Arbeitsspeicher des Computers ablegt. Für den Computer hat die besagte Stelle, hat jede Stelle in seinem Speicher eine Adresse. Genau besehen legt also die Anweisung "scanf" erhaltene Werte an einer Stelle ab, die durch die Angabe einer Adresse bezeichnet werden muß.

Die Variablen "Zahl" und "Kehrwert" sind ausdrücklich als Gleitkommazahlen vereinbart worden. Die benötigte Speicherplatzgröße von ganzen und Gleitkommazahlen ist eindeutig festgelegt. Diese Zahlen belegen nämlich immer die gleiche Menge von Platz im Speicher! Zeichenketten dagegen sind variabel - von einem bis theoretisch unendlich vielen Zeichen. Eine entsprechende Variable in C müßte also entweder eindeutig auf einen Maximalwert festgelegt sein oder eben nur einen Zeiger enthalten, der auf den Anfang der Zeichenkette, verweist. Je nach Vereinbarung (und Compiler) ist eine String-Variable eine Zeichenkette oder sie enthält nur die Adresse, an der die Zeichenkette abgelegt ist! In Turbo Pascal beispielsweise ist

```
var Sprache : string[10];
```

eine Zeichenkette, in Turbo C enthält

```
char Sprache[10];
```

die Adresse, an der die Zeichenkette zu finden ist. Anders bei den Variablen "Zahl" und "Kehrwert": Sie enthalten keine Adressen, sondern sie bieten Platz für einen Wert! Die Funktion "scanf" benötigt aber als Argument eine Adresse; im Falle des "Kehrwert"-Programms die der Variablen "Zahl"! In C genügt ein kleines Vorzeichen, um den Turbo-C-Compiler darauf hinzuweisen, daß es sich um eine Zeiger-Variable handelt. Dann ist:

```
"&Zahl" die Adresse von "Zahl"
(und "&Kehrwert" wäre die von "Kehrwert")
```

Unser Listing verändert sich also um die nur scheinbare Kleinigkeit von "&":

```
main ()

{
  float Zahl;
  float Kehrwert;

  printf ("Gib eine Zahl ein:\n");
  scanf ("%f", &Zahl);
  Kehrwert = 1 / Zahl;
  printf ("Der Kehrwert von %f ist %f", Zahl, Kehrwert);
}
```

Nun wäre das Programm lauffähig.

4.5 Wenn oder sonst...

Aus mathematischer Sicht befindet sich in unserem Kehrwert-Programm ein schwerwiegender Fehler: Die Zahl Null hat gar keinen Kehrwert - denn durch null darf ja nicht geteilt werden! Fehler sind lästig; also sollten wir diesen abfangen und in eine andere Richtung lenken. Wir müssen zwei Fälle unterscheiden:

```
WENN die eingegebene Zahl Null ist,

    SCHREIB ("Null hat keinen Kehrwert!");

SONST

    berechne den Kehrwert und
    SCHREIB ("Der Kehrwert von... ist...")
```

Das sieht in C dann so aus:

```c
if (Zahl == 0)
   printf ("Null hat keinen Kehrwert!");
else
{
   Kehrwert = 1 / Zahl;
   printf ("Der Kehrwert von %f ist %f", Zahl, Kehrwert);
}
```

Nein: Ich habe mich nicht verschrieben! Der Gleichheitsoperator ("==") sieht in C wirklich so aus! Und damit unterscheidet er sich auch eindeutig vom Zuweisungsoperator ("=")!

Die zusätzlichen Klammern beim "else"-Teil sind nötig: Sie teilen dem Turbo-Compiler mit, daß zu diesem Teil mehr als nur eine Anweisung gehört. (Lassen Sie das Programm ruhig einmal mit und einmal ohne diese Klammerung laufen!) Wenn wir nun der letzten "printf"-Anweisung noch einige zusätzliche Hinweise zur Formatierung mitgeben wollen, wird die Ausgabezeile recht lang. Daher teilen wir - auch das ist möglich - sie einfach in

Das Turbo-C-Minimum 63

zwei "printf"-Anweisungen. Und so hat unser "Kehrwert"-Programm schließlich diese Form:

```
main ()

{
  float Zahl;
  float Kehrwert;

  printf ("Gib eine Zahl ein:\n");
  scanf  ("%f", &Zahl);
  if (Zahl == 0)
    printf ("Null hat keinen Kehrwert!");
  else
  {
    Kehrwert = 1 / Zahl;
    printf ("Der Kehrwert von %5.2f", Zahl);
    printf (" ist %5.2f", Kehrwert);
  }
}
```

Wenn Sie dahinter kommen wollen, was diese Angaben bedeuten, so müssen Sie dieses Programm mehrmals laufen lassen und die Zahlen 5 und 2 jedes Mal durch andere Zahlen ersetzen!

4.6 Nochmal?

Empfinden Sie es denn nicht als lästig, für jede neue Zahl das "Kehrwert"-Programm neu starten zu müssen? Es wäre doch viel angenehmer, wenn wir gefragt würden, ob wir den Kehrwert einer weiteren Zahl haben möchten! Wir benötigen dazu also wieder eine Schleife.

Diesmal soll es aber keine Zählschleife sein, denn die Berechnung des Kehrwertes einer Zahl soll ja beliebig oft wiederholt werden können! Genauer:

```
Berechne den Kehrwert und gib ihn aus,

SOLANGE wir es wollen,
        unsere Antwort also Ja ist.
```

In C sieht das zugehörige Schleifen-Gerüst so aus:

```
do
 :
while (Antwort[0] == 'j');
```

Sie haben sich doch gerade an die Anführungsstriche (") gewöhnt, was sollen da diese "Hochkommas" (')? Und was bedeutet denn nun diese Null in den eckigen Klammern? Betrachten wir eins nach dem anderen! Die Variable "Antwort" ist zwar wieder als eine Zeichenkette vereinbart:

```
char Antwort[10];
```

Uns interessiert hier aber nicht der ganze String, sondern nur der Anfangsbuchstabe, also das erste (?) Zeichen! Das ist hier gar nicht so unpraktisch, weil Sie als Antwort dann wahlweise "ja" oder "jawohl" oder auch nur einen einzigen Buchstaben - 'j' - eingeben können.

Ein einzelnes Zeichen wird in C aber nicht in "Doppelstriche", sondern in 'Einzelstriche' gefaßt! Dieses "Hochkomma" erhalten Sie über die Taste neben dem "ß" und anschließendes Drücken auf die Leertaste (Space)! Und damit der Compiler weiß, daß es sich hier nur um ein Zeichen - nämlich das Anfangszeichen - des Strings handelt, muß dies in den eckigen Klammern angegeben werden. In C beginnt nun eine Zählung nicht bei Eins, sondern bei Null; daher ist das Anfangszeichen in C das "nullte" Zeichen! Klar? Dann sehen Sie sich jetzt das erweiterte Programm einmal an:

```
main ()

{
  char  Antwort[10];
  float Zahl;
  float Kehrwert;

  do
```

Das Turbo-C-Minimum

```
    {
        printf ("Gib eine Zahl ein:\n");
        scanf  ("%f", &Zahl);
        if (Zahl == 0)
           printf ("Null hat keinen Kehrwert!");
        else
        {
        Kehrwert = 1 / Zahl;
        printf ("Der Kehrwert von %5.2f", Zahl);
        printf (" ist %5.2f", Kehrwert);
        }
        printf ("\n\nNochmal (j/n)?");
        scanf  ("%s", Antwort);
    }
    while (Antwort[0] == 'j');
}
```

Solange Sie nun irgendein Wort mit dem Anfangsbuchstaben 'j' eingeben, wiederholt sich die Kehrwert-Schleife. Bei Eingabe eines beliebigen anderen Wortes (oder Zeichens) ist das Programm beendet.

Das obenstehende "Kehrwert"-Programm zu verändern und zu ergänzen dürfte Ihnen eigentlich keine Probleme mehr bereiten. Nehmen wir aber einmal an, Sie hätten die erste Fassung bereits aus dem Editor gelöscht - natürlich nicht ohne sie vorher auf Diskette gesichert zu haben. Und nun wollen Sie es zur weiteren Bearbeitung wieder in den Editor laden. Dies erreichen Sie über

<F> bzw. "File"

und

<L> bzw. "Load"

oder

<P> bzw. "Pick"

Eine andere Möglichkeit wäre direkt vom Editor aus über die Taste <F3> (oder über <ALT>-<F3>). Nach der Eingabe des Namens wird das betreffende Text-File geladen und steht Ihnen dann zur Verfügung. Was ist, wenn Sie den Namen, unter dem Sie Ihr Programm auf Diskette gespeichert haben, nicht mehr genau wissen? Üblicherweise bietet Ihnen die "Load"-Option zunächst die Angabe "*.C" an. Akzeptieren Sie diese mit <RETURN>, so öffnet sich eine Inhaltsbox in der Bildschirmmitte und zeigt Ihnen sämtliche C-Quelltextdateien, die sich auf der eingelegten Diskette befinden. Durch Ansteuerung mit den Cursortasten und erneutes Drücken von <RETURN> können Sie das File auswählen, das geladen werden soll. Nicht schlecht - oder?

Noch eine andere Möglichkeit ist die Option "Pick": Hier erhalten Sie eine Liste der C-Text-Files, die Sie zuletzt bearbeitet haben (bis zu acht). Mit den Cursortasten wählen Sie aus, welche dieser Dateien Sie in den Editor laden wollen. Befindet sich das gesuchte File nicht darunter, so entscheiden Sie sich für "-load file-": Damit wechseln Sie hinüber zur "Load"-Option. Wahrscheinlich fragen Sie sich jetzt, was an "Pick" besser ist als an "Load". Richtig interessant wird diese Option erst dann, wenn Sie größere Projekte planen und es darum geht, mehrere zusammengehörige Dateien zu bearbeiten.

4.7 Kommentare und Operatoren

Wie in anderen Sprachen ist es auch in C möglich, ein Programm durch eingestreute Kommentare zu erläutern. Dies geschieht durch Klammerung mit

```
/*   und   */
```

Sie können überall Bemerkungen bzw. erläuternde Textabschnitte einfügen, ohne daß dadurch Zusammenhänge von Anweisungen oder Strukturen getrennt werden. So empfiehlt es sich, dem Programmkopf noch in derselben Zeile einen Namen folgen zu lassen: z.B.:

```
main ()   /* erstes in C */
```

oder

```
main ()   /* Kehrwert */
```

Testen Sie selbst, wie weit Sie da gehen können!

Das Turbo-C-Minimum 67

Nützlich ist diese Klammerung auch, wenn Sie vorübergehend bestimmte Teile eines Programms ausschalten wollen, um andere Teile auf ihre Richtigkeit zu testen: Der mit "/*" und "*/" geklammerte Teil wird dann einfach vom Compiler überlesen, also nicht weiter beachtet. (Und Kommentare werden auch nicht in das lauffähig übersetzte Maschinenprogramm übernommen, so daß der Object-Code durch Kommentare auch nicht umfangreicher wird!

An dieser Stelle möchte ich auch noch auf einige wichtige C-Operatoren eingehen: Den Zuweisungsoperator

=

kennen Sie bereits. Und zwei der arithmetischen Operatoren

+ - * /

kamen schon im "Zeichensatz"- bzw. im "Kehrwert"-Programm vor. Sie sind für Umsteiger nichts Neues und ihre Bedeutung ist unschwer zu erraten! Ähnliches gilt für die Vergleichsoperatoren

< > <= >=

Anders sieht es mit diesen Operatoren aus:

== und !=

Der eine ist der Operator für Gleichheit, der andere ist der Operator für Ungleichheit! Als Umsteiger von BASIC oder Pascal sollten Sie vor allem diese beiden im Auge behalten; denn die bescheren Ihnen wahrscheinlich noch einige Fehler!

Wenden wir uns jetzt noch einmal der letzten Version unseres "Kehrwert"-Programms zu: Es geht um die Testbedingung für die "do..while"-Schleife. Wir könnten diese auch so abändern:

```
while (Antwort[0] != 'n');
```

Und falls wir auch die Möglichkeit von Großbuchstaben als Antwort zulassen wollen, könnten wir schreiben:

```
while (Antwort[0] == 'j' || Antwort[0] == 'J');
```

oder

```
while (Antwort[0] != 'n' && Antwort[0] != 'N');
```

(Das Zeichen "¦" erhalten Sie mit Hilfe der <ALT>-Taste über den ASCII-Code 124.)

Sind Sie selbst darauf gekommen, daß

        `¦¦`   ODER

und

        `&&`   UND

bedeuten? Damit kennen Sie zwei weitere wichtige C-Operatoren; obgleich Ihnen - nicht nur als Kenner einer anderen Sprache - deren "Aussehen" seltsam erscheinen mag. Gerade deshalb sollten Sie sich auch diese Schreibweise merken!

4.8 Ein kleiner Abschlußtest

Ob Sie wirklich über ein anwendbares Minimal-Wissen in Turbo C verfügen, das sollten Sie nun überprüfen! Zeigen Sie also Ihr Können an einem Programm, das etwa folgendes Gespräch auf dem Bildschirm erzeugt:

```
Hallo, wie heißt du? C
C, geht es dir gut? ja
Das freut mich!
Wie alt bist du eigentlich? 11
Also schon lauffähig.
Und erst 12.4 Prozent des Lebens hinter dir!
Mögest du noch 100 Jahre leben, C!
```

Machen Sie sich über die Zahlen keine Gedanken, vielmehr über die Programmstruktur! Überlegen Sie zuerst:

    Was muß vereinbart,   (char,   int,   float)
    wie muß zugewiesen werden?   (=, +, -, *, /)

Das Turbo-C-Minimum

Was soll eingegeben, (scanf, %, &)
was soll ausgegeben werden? (printf, %, \\)

Wo könnte eine Entscheidung, (if, ==, !=, <, >)
wo könnte eine Schleife nötig werden? (do..while, ||, &&)

Und nun drehen Sie dieses Buch um oder machen Sie es zu, ehe Sie einen Blick auf meine Lösungsvariante werfen - dann dürfen Sie vergleichen:

```
main ()   /* Hallo */

{
  char  Name[11], Antwort[11];
  int   Ewig, Alter, Viele;
  float Antik, Prozent;

  Ewig  = 111;
  Antik = 88.8;

  printf ("Hallo, wie heißt du? ");
  scanf  ("%10s", Name);

  do
  {
    printf ("%s, geht es dir gut (j/n)? ", Name);
    scanf  ("%10s", Antwort);
  }
  while (Antwort[0] != 'j' && Antwort[0] != 'n');

  if (Antwort[0] == 'j')
    printf ("Das freut mich!\n\n");
  else
    printf ("Hoffentlich bessert es sich!\n\n");

  do
  {
    printf ("Wie alt bist du eigentlich? ");
    scanf  ("%d", &Alter);
  }
  while (Alter < 0 || Alter > 99);

  if (Alter > 2)
    printf ("Also schon lauffähig...");
```

```
        if (Alter > 20)
           printf (" ja, bereits erwachsen!");

        Prozent = Alter * 100 / Antik;
        printf ("\nUnd erst %3.1f Prozent", Prozent);
        printf (" des Lebens hinter dir!\n");

        Viele   = Ewig - Alter;
        printf ("\nMögest du noch %d", Viele);
        printf (" Jahre leben, %s!", Name);
     }
```

Vielleicht sieht es bei Ihnen anders aus? Aber wenn Ihr Programm wenigstens läuft, dann das ist erstmal die Hauptsache. Verfeinern und auch erweitern können Sie es immer noch! Es gibt viele Varianten dieses Programms, und meine muß ja nicht unbedingt die beste sein. Einiges erscheint Ihnen frag- oder denkwürdig? Es wäre dazu auch einiges zu sagen! Falls Ihnen hier und da noch etwas unklar vorkommt, müssen Sie sich jetzt aber damit trösten, daß wir bestimmt auf dieses Programm zurückkommen!

Legen Sie nun erst einmal eine erholsame Pause ein. Und danach sollten Sie gerade die Stellen ein wenig näher betrachten, die von Ihrer Version abweichen!

4.9 Zusammenfassung

Zuerst sollen Sie noch einmal einen Überblick über die Optionen in Turbo C erhalten, die Sie bisher kennengelernt haben: Vom Hauptmenü aus gelangen Sie mit <E> bzw. "Edit" in den Editor und können ihn mit <F10> wieder verlassen. Mit <ALT>-R oder vom Hauptmenü aus mit <R> bzw. "Run" wird der Quelltext Ihres C-Programms kompiliert, werden weitere Dateien hinzugelinkt und wird das Ganze dann zum Laufen gebracht.

Bei Fehlern können Sie vom "Message"-Fenster, in dem die entsprechenden Meldungen stehen, direkt durch <RETURN> oder über die Taste <F6> in den Editor an die mögliche Fehlerstelle springen, um dort Korrekturen vorzunehmen. Bei mehre-

Das Turbo-C-Minimum 71

ren Fehlern können Sie sich mit <F8> vorwärts oder mit <F7> rückwärts von Fehler zu Fehler "hangeln". Anschließend können Sie direkt mit <ALT>-R einen neuen Versuch starten.

Auf Diskette sichern können Sie Ihre Texte direkt mit <F2> oder vom Hauptmenü aus über:

    <F> bzw. "File"

und

    <S> bzw. "Save"

oder

    <W> bzw. "Write to"

Von Diskette in den Editor geladen werden Files direkt über <F3> oder vom Hauptmenü aus über:

    <F> bzw. "File"

und

    <L> bzw. "Load"

oder

    <P> bzw. "Pick"

Eventuelle Hilfe erhalten Sie über <F1> - vorausgesetzt die Diskette mit der Datei "TCHELP.TCH" befindet sich im angesprochenen Laufwerk!

Und dies ist der minimale Sprachschatz von C:

Die Wörter	und die Zeichen	
main	{	}
char	(	)
int	[	]
float	<	>
printf	<=	>=
scanf	==	!=
if	||	&&
else	"	'
for	/*	*/
do	%	\
while	&	;

Erinnern Sie sich noch an jede Bedeutung?

Sie wissen, daß (alle) Variablen vereinbart werden müssen. Sie kennen die Typen

```
int     Ganzzahl
float   Gleitpunktzahl
char    Zeichen
```

und wissen, daß Sie mit Hilfe von

```
char  und  [ ]
```

Zeichenketten vereinbaren können. Sie kennen auch die Format-Strings

"%d" für Dezimalzahlen

"%f" für Gleitpunktzahlen

"%c" für Einzelzeichen

"%s" für Zeichenketten

Sie erinnern sich an die Eingabe- und Ausgabeanweisungen

Das Turbo-C-Minimum

```
                scanf (Formatstring, Adresse);
und
                printf (Formatstring, Variable);
```

und Sie kennen neu die Entscheidungsanweisung

```
        if      (Bedingung)
                {Anweisungen}
        else    {Anweisungen}
```

die Wiederholungsanweisungen

```
        for     (Anfang, Bedingung, Veränderung)
                {Anweisungen}
```

und

```
        do      {Anweisungen}
        while   (Bedingung)
```

sowie folgende Operatoren:

```
        =       Zuweisung
        <       Vergleich, ob kleiner
        >       Vergleich, ob größer
        <=      kleiner oder gleich
        >=      größer  oder gleich

        ==      gleich
        !=      ungleich

        &&      Verknüpfung mit UND
        ||      Verknüpfung mit ODER
```

Sie wissen, daß:

    { und }   einen Block von Anweisungen,

    (und)   Argumente einer Funktion,

    [und]   die maximale Anzahl von Zeichen,

    " und "   eine Kette von Zeichen,

'   und   '   ein einzelnes Zeichen,

/*   und   */   einen Kommentar

einklammern. Sie wissen, daß

&

direkt vor eine Variable gestellt die Adresse(!) dieser Variablen enthält und vergessen nicht, daß eine "scanf"-Anweisung immer einen Variablen-Zeiger benötigt! Sie erinnern sich, daß eine mit char und [ ] als String vereinbarte Variable in Turbo C bereits ein Zeiger ist!

Sie sollten nie das Semikolon (;) zum Abschluß der Anweisung vergessen!

Schließlich nehmen Sie sich vor, einem Programm außer einem Kopf noch einen Namen zu geben - geklammert mit /* und */.

Teil 2: Turbo-C-Grundlagen

5. Alles muß vereinbart werden

In jedem unserer bisherigen C-Programme haben wir dem Turbo-Compiler mitteilen müssen, welche Variablen im Anweisungsteil verwendet werden sollen. Dabei genügte es nicht allein, den Namen der verwendeten Variablen anzugeben, sondern jeder Name mußte auch noch einem bestimmten Datentyp zugeordnet werden. Demnach könnte also jeder der bisher verwendeten Variablen-Namen für jeden Daten-Typ in Frage kommen!

In allen Fällen gilt in C: Was im Programm an Variablen verwendet werden soll, muß vereinbart werden! Das mag lästig sein, auch weil es zur Disziplin zwingt. Vor allem bei umfangreicheren Programmen aber behält man so leichter den Überblick über die verwendeten Variablen. Dies ist vergleichbar mit einem Rezept, in dem auch alle Zutaten angegeben werden, ehe der Koch- oder Backvorgang beschrieben wird. Und die Suppe oder der Kuchen gelingt auch besser, wenn von Anfang an alles Benötigte bereitsteht!

5.1 Datentypen

Grundsätzlich gibt es nur zwei Datentypen - die Zeichen und die Zahlen. Wie Sie jedoch schon in den vorangegangenen Kapiteln gesehen haben, wird da noch unterschieden:

char   für Zeichen (1 Byte) erfaßt den Bereich zwischen -128 und +127

int   für Ganzzahlen (2 Byte) erfaßt den Bereich zwischen ca. +/- 32000

float   für Gleitpunktzahlen (4 Byte) erfaßt den Bereich zwischen ca. +/- 10^{38}

Diese Datentypen lassen sich noch weiter unterteilen:

short　　　　für Zahlen mit halbem Speicherplatzbedarf

long　　　　für Zahlen mit doppeltem Speicherplatzbedarf

unsigned　　für Zeichen und Ganzzahlen ohne Vorzeichen

signed　　　für Zeichen und Ganzzahlen mit Vorzeichen

Bei Turbo C bedeutet "short int" und "int" das gleiche. Ansonsten gilt:

long　　　　für Ganzzahlen (4 Byte)

double　　　für Gleitpunktzahlen (8 Byte)

Dadurch erhalten diese Typen jeweils doppelte Genauigkeit. "long" entspricht "long int"; "double" entspräche "long float". Ebenso wie der Typ "signed" kann auch "unsigned" in Turbo C auf die Datentypen "char", "short", "int" und "long" angewandt werden, wodurch im letzteren Falle der Geltungsbereich bei 0 beginnt. So reicht beispielsweise der Typ "unsigned char" von 0 bis über 255 und belegt ebenso wie "char" 1 Byte. Den genauen Geltungsbereich und Speicherplatzbedarf für die vielen in Turbo C möglichen Typen entnehmen Sie bitte dem Handbuch.

Darüber hinaus gibt es noch sogenannte zusammengesetzte Datentypen, von denen wir einen schon kennen: Es ist die Zeichenkette (String), die aus mehreren Einzelzeichen zusammengefügt ist. Ebenso lassen sich auch ganze Zahlen oder Gleitpunktzahlen zusammensetzen, wie z.B.:

```
int   Zahl[100];
float Betrag[50];
```

Damit sind je ein Feld von 100 ganzen bzw. 50 Gleitkommazahlen vereinbart. Sie können aber nicht nur ein- sondern auch mehrdimensionale Felder vereinbaren, wie z.B.:

Alles muß vereinbart werden

```
char   Text[25][80];
int    Liste[100][100];
```

womit Ihnen dann (bei genügend Speicherplatz!) ein Feld von 25 Strings mit 80 Zeichen Länge bzw. 100 mal 100 ganzen Zahlen zur Verfügung stünde.

5.2 Zeichen oder Zahlen?

Wir sollten jetzt einmal der Frage nachgehen, was es mit den Datentypen Zahl und Zeichen auf sich hat: Wenn wir mit dem Computer in Verbindung treten, mit ihm kommunizieren, so tun wir das vorwiegend über die Tastatur und über den Bildschirm. Vom Computer aus gesehen läuft dieser Prozeß so ab:

Er LIEST von der Tastatur und SCHREIBT auf den Bildschirm.

Das, was der Computer da "abtastet" und was er da "ausdruckt", sind für uns sichtbare Zeichen. Für den Computer aber sind dies Zahlen - nur in einem anderen Format als das uns geläufige: Während wir im Dezimalsystem - mit 10 verschiedenen Ziffern also - rechnen, tut der Computer dies im Dualsystem. Das sind dann nur die Ziffern 0 und 1, mit denen er etwas anfangen kann. Für jede "Null" oder "Eins" benötigt der Computer den Platz von einem Bit in seinem Arbeitsspeicher. Direkt zugreifen kann er in der Regel aber nur auf ein "Paket" von 8 Bit, also ein Byte. In einem Byte läßt sich eine von 256 verschiedenen Kombinationen von Nullen und Einsen unterbringen.

Genau so viele Zeichen erfaßt der ASCII/IBM-Zeichensatz. So ist also jedem Zeichen eine Zahl zwischen 0 und 255 zugeordnet. Und jede der Zahlen von 0 bis 255 ist für den Computer der Code für ein bestimmtes Zeichen. (Schauen Sie mal in den Anhang D!)

Ich habe oben von sichtbaren Zeichen gesprochen: Tatsächlich gibt es auch - für uns - unsichtbare Zeichen, die Steuerzeichen nämlich. Eines dieser Zeichen kennen Sie schon. Es wird mit einem vorangestellten "\" als Steuerzeichen kenntlich gemacht:

\n   Sprung in die nächste Zeile ("newline")

Es gibt noch einige weitere dieser Steuerzeichen:

\r   Sprung an den Zeilenanfang ("return")
\b   Rückschritt um ein Zeichen ("backspace")
\f   Sprung auf die nächste Seite ("form feed")

Das Zeichen "\" hat außerdem noch den Zweck, nicht über die Tastatur erreichbare Zeichen auszugeben; z.B.:

\7   Piepston ("bell")

Und falls Sie die Anführungsstriche, die Hochkommas oder gar den "backslash" selbst ohne Probleme z.B. in Textketten verwenden wollen, so können (und sollten) Sie schreiben:

\"   Darstellen von " in einem String
\'   Darstellen von ' als Zeichen
\\   Darstellen von \ in einem String

Entsprechendes gilt übrigens auch für das Format-Zeichen "%", das Sie mit:

%%

in einem String darstellen können. (Anwenden können Sie das direkt im "Hallo"-Programm: Versuchen Sie dort, "..Prozent des Lebens.." durch "..% des Lebens.." zu ersetzen!) Wie Sie schon wissen, ist ja gerade dieses Formatzeichen mit dafür verantwortlich, daß in C Zahlen als Zeichen und Zeichen als Zahlen ein- und ausgegeben werden können - vorausgesetzt, diese liegen zwischen 0 und 255.

Falls Sie versuchen, auch andere (größere) Zahlen als Zeichen oder Zeichenketten ein- oder auszugeben, könnten Sie damit einige Verwirrung ernten - oder auch stiften.

5.3 Vereinbarungen und Zuweisungen

Eine weitere Unannehmlichkeit in C mag der Umstand sein, daß Variablen zunächst sozusagen "wertlos" sind. Sie als Programmierer müssen also dafür sorgen, daß jede Variable durch eine Eingabeanweisung oder eine Zuweisung vor einer weiteren Verarbeitung einen (sinnvollen) Wert erhält! Dazu ein Beispiel:

```
main ()   /* Typtest 0 */

{
   int  i;
   char c;

   printf ("Zahl    : %d\n", i);
   printf ("Zeichen : %c\n", c);
}
```

Ein Programmlauf ergibt für "i" die Zahl 0 und für "c" ein unsichtbares Zeichen, aber kein Leerzeichen! Verändern und ergänzen Sie dies kleine Programmstück nun wie folgt:

```
main ()   /* Typtest 1 */

{
   char   c;
   int    i;
   float  f;

   printf ("Zeichen  : %c\n", c);
   printf ("Ganzzahl : %d\n", i);
   printf ("Gleitzahl : %f\n", f);
   c = '#';
   i = 1;
   f = i;
   printf ("Zeichen  : %c\n", c);
   printf ("Ganzzahl : %d\n", i);
   printf ("Gleitzahl : %f\n", f);
}
```

Der erste Durchlauf ergibt vor den Zuweisungen für "c" keinen sichtbaren Wert. Für "i" ergibt sich die Zahl 0 und möglicherweise auch für "f" - achten Sie auf die unterschiedliche Art der

Darstellung! Es ist jedoch nicht garantiert, daß immer der Wert 0 erscheint! Nach den Zuweisungen erscheinen die zugewiesenen Werte auf dem Bildschirm.

Es kann sich in manchen Programmen durchaus nachteilig bemerkbar machen, wenn der Startwert nicht zuverlässig feststeht. So wäre es die "sauberste" Lösung (übrigens auch in jeder anderen Sprache), bereits ganz zu Anfang des Programms Startwerte zuzuweisen! Dabei kann eine ganze Zahl auch einer Gleitpunktzahl zugewiesen werden:

f = i;

Daß die Umkehrung

i = f;

auch funktioniert, davon sollten Sie sich selbst überzeugen! Wenn Sie aus einer Zahl mit (etlichen) Stellen hinter dem Dezimalpunkt eine ganze Zahl machen wollen, so erhalten Sie z.B. für

f = 0.1

und für

f = 0.9

jeweils

i = 0

das heißt, immer den Ganzteil einer Gleitpunktzahl. (Man kann auch sagen: Der Teil hinter dem Punkt wird abgeschnitten.) Wollen Sie jedoch immer eine korrekt gerundete Ganzzahl erhalten, so müssen Sie die Zuweisung so umformen:

i = f + .5;

Ob Sie auch mit

i = c;

Alles muß vereinbart werden **81**

ein Zeichen zu einer Ganzzahl machen können, das sollten Sie selbst herausfinden!

5.4 Konstant oder variabel

Eine andere Form der Wertzuweisung in C ist die Vereinbarung von Konstanten. Sie können z.B. die Vereinbarungen

```
char Zeichen;
int  Ganz;
```

und die anschließenden Zuweisungen

```
Zeichen = '*';
Ganz    = 100;
```

in Turbo C auch durch die Festlegungen

```
const char Zeichen = '*';
const int  Ganz    = 100;
```

oder ersatzweise auch durch die Definitionen

```
#define Zeichen '*'
#define Ganz    100
```

ersetzen. Im letzten Falle ohne Zuweisungszeichen, nur durch ein (oder mehrere) Leerzeichen getrennt, und ohne abschließendes Semikolon!

Das vorangestellte "#" irritiert Sie? Das ist ein Hinweis an den Präprozessor. Sie wissen, was ein Prozessor ist? Sie wissen nicht, was ein Prä-Prozessor ist? Der Präprozessor ist dem Compiler direkt vorgeschaltet und auch in der Turbo-C-Umgebung enthalten. Er tritt in Aktion, wenn ihm ein entsprechendes Signal gegeben wird. Dieses Zeichen ist das "#".

Bei der Anweisung "#define", die den (Haupt-)Compiler nichts angeht, geht der Präprozessor den gesamten Quellcode durch und ersetzt alle dort vorkommenden Bezeichner mit den Namen "Zeichen" und "Ganz" durch '*' und 100. Und so "präpariert" bekommt dann der Compiler den Quelltext serviert. Damit sind die

Werte von "Zeichen" und "Ganz" - ebenso wie bei einer Vereinbarung mit "const" - für das gesamte laufende Programm unveränderlich festgelegt!

Überprüfen wir dies Wissen doch gleich an dem obigen Beispiel, indem wir es ein wenig verändern:

```
main ()   /* Typtest 2a */

{
   const char   c = '*';
   const int    i = 100;
   const float  f = 9.9;

   printf ("Zeichen    : %c\n",c);
   printf ("Ganzzahl   : %d\n",i);
   printf ("Gleitzahl  : %f\n",f);
   c   = '#';
   i   = 1;
   f   = i;
   printf ("Zeichen    : %c\n",c);
   printf ("Ganzzahl   : %d\n",i);
   printf ("Gleitzahl  : %f\n",f);
}
```

bzw.

```
#define c '*'
#define i 100
#define f 9.9

main ()   /* Typtest 2b */

{
   printf ("Zeichen    : %c\n",c);
   printf ("Ganzzahl   : %d\n",i);
   printf ("Gleitzahl  : %f\n",f);
   c   = '#';
   i   = 1;
   f   = i;
   printf ("Zeichen    : %c\n",c);
```

```
    printf ("Ganzzahl  : %d\n",i);
    printf ("Gleitzahl : %f\n",f);
}
```

Der Versuch, eines dieser Programme zum Laufen zu bringen, führt zu einer Fehlermeldung, die auf den Zuweisungsteil verweist und Sie darauf aufmerksam macht, daß es sich nun bei "c", "i" und "f" nicht (mehr) um Variablen handelt. Wie Sie sehen: Die Werte von "c", "i" und "f" sind fest und unveränderlich! Streichen Sie den Teil mit den Zuweisungen, so läuft das Programm (syntaktisch) korrekt, bekommt aber einen fragwürdigen Charakter.

5.5 Merkwürdigkeiten?

Sinnvoll jedoch wäre eine Festlegung der Werte von "Ewig" und "Antik" im "Hallo"-Programm, da diese sich während des ganzen Programmverlaufes nicht ändern:

```
main ()   /* Hallo */

{
  const int   Ewig  = 111;
  const float Antik = 88.8

  char  Name[11], Antwort[11];
  int   Alter, Viele;
  float Prozent;
  :
  :
}
```

Gleiches gilt für die Anweisung an den Präprozessor:

```
#define Ewig  111
#define Antik 88.8
```

Auch Sätze wie "Welche Sprache sprichst du?\n" können mit Hilfe der "#define"-Anweisung fest vereinbart werden, wie Sie an einer Abwandlung Ihres ersten Programms sehen können:

```
#define Frage     "Welche Sprache sprichst du?"
#define Bemerkung "Du sprichst also %s"

main ()

{
  char    Sprache[10];

  printf (Frage);
  scanf ("%s", &Sprache);
  printf (Bemerkung, Sprache);
}
```

Ist Ihnen aufgefallen, daß der Vereinbarungsteil das eine Mal innerhalb, das andere Mal außerhalb der "Rumpf"-Klammern - ({ }) - steht? Bei den letzten beiden Programm-Varianten ist er sogar "gesplittet": Die "#define"-Anweisungen sind außerhalb, die "übrigen" Vereinbarungen befinden sich innerhalb der Klammern. Wenn Sie nun auf die Idee kommen, auch die Variablen-Vereinbarungen vor den Programm-Kopf zu setzen, so werden Sie möglicherweise sehen...

```
char    c;
int     i;
float   f;

main ()  /* Typtest 3 */

{
  printf ("Zeichen   : %c\n", c);
  printf ("Ganzzahl  : %d\n", i);
  printf ("Gleitzahl : %f\n", f);
  c = '#';
  i = 1;
  f = i;
  printf ("Zeichen   : %c\n", c);
  printf ("Ganzzahl  : %d\n", i);
  printf ("Gleitzahl : %f\n", f);
}
```

...daß es auch so funktioniert! Einen Unterschied zwischen diesen beiden Vereinbarungs-"Orten" werden Sie (hier noch) nicht feststellen können. Begnügen Sie sich daher mit meiner Bemerkung, daß bei einer Vereinbarung von Variablen innerhalb der

Alles muß vereinbart werden 85

Klammern diese auch nur innerhalb dieser Klammerung Gültigkeit haben. Und daß bei einer Vereinbarung außerhalb die Variablen auch außerhalb der "main"-Funktion gelten.

Daß es außer "main" auch noch etwas anderes an Funktionen gibt, darüber belehrt Sie das nächste Kapitel.

5.6 Startwerte

Es gibt in C noch eine andere Möglichkeit, im Programm verwendeten Variablen Werte zuzuweisen, ohne daß diese dann innerhalb des Anweisungsteils unveränderlich feststehen: Dies geschieht, indem man sie gleich bei ihrer Vereinbarung initialisiert. Das heißt, daß den Variablen nicht nur ein Datentyp zugeordnet, sondern gleich auch ein Wert zugewiesen wird. Sehen Sie sich dazu diese "Typtest"-Version an:

```
char  c     = '*';
int   i     = 100;
float f     = 9.9;

main ()    /* Typtest 4 */

{
  printf ("Zeichen   : %c\n",c);
  printf ("Ganzzahl  : %d\n",i);
  printf ("Gleitzahl : %f\n",f);
  c    = '#';
  i    = 1;
  f    = i;
  printf ("Zeichen   : %c\n",c);
  printf ("Ganzzahl  : %d\n",i);
  printf ("Gleitzahl : %f\n",f);
}
```

Wie Sie sehen, ist der bei der Vereinbarung zugewiesene Startwert hier nicht von Anfang an fest, sondern variabel! Auch Startzuweisungen wie z.B.

```
int i = 11;
int j = 3 * i;
```

sind möglich. (Finden Sie weitere Möglichkeiten auf Ihrem Turbo-Compiler!) Außer einfachen Datentypen lassen sich auch Datenfelder initialisieren; nur hat das Ganze dort eine andere Form. Beispiele sind:

```
int Zahl[10] = {0,1,2,3,4,5,6,7,8,9};
```

oder auch:

```
int Ziffer[3][3] =
{
 {1,2,3},{4,5,6},{7,8,9}
};
```

Für Strings gibt es eine Sonderregelung in C, z.B.:

```
char Kette[7] = "String";
```

oder auch:

```
char Text[3][8] =
{
 "fern", "schnell", "gut"
};
```

Bauen Sie sich doch jetzt ein eigenes kleines "Typtest"-Programm, in dem Sie mit Startwerten experimentieren können! Ob alle diese Initialisierungen nur außerhalb oder auch innerhalb der Haupt-Funktion stattfinden können, müssen Sie Ihren Compiler fragen.

5.7 Ihr Typ ist gefragt

Sind Sie eigentlich erfinderisch? Sollten Ihnen nämlich die bisher vorgestellten Datentypen nicht zusagen oder nicht genügen, so können Sie sich in C auch Ihre eigenen Typen definieren. Probieren Sie das gleich aus! Benennen Sie die Typen, die Sie bisher kennengelernt haben, einmal in folgende Bezeichnungen um:

Alles muß vereinbart werden 87

```
typedef char    Zeichen;
typedef char    String[11];
typedef int     Ganzzahl;
typedef float   Gleitpunktzahl;
```

Sie können nun auf solche Weise viele Ihrer (künftigen) Programme optisch veredeln. So könnte zum Beispiel der Vereinbarungsteil des (schier unvermeidlichen) "Typtest"-Programms diese neue Form erhalten:

```
Zeichen          c = '*';
Ganzzahl         i = 100;
Gleitpunktzahl   f = 9.9;
```

Oder die Variablen-Vereinbarungen des "Hallo"-Programms könnten jetzt dieses Aussehen haben:

```
String           Name, Antwort;
Ganzzahl         Alter, Viele;
Gleitpunktzahl   Prozent;
```

Vielleicht empfinden Sie die Verwendung von "typedef" jetzt eher noch als Spielerei. Wie Sie aber im Laufe zunehmender Programmiererfahrung sehen werden, läßt sich durch Einsatz selbstdefinierter Datentypen die Lesbarkeit eines umfangreichen Programms verbessern. Darüber hinaus erhöht sich die Übertragbarkeit von C-Programmen auf andere Computer-Systeme, wenn diese z.B. nicht über dieselben Definitionen bestimmter Datentypen verfügen. Einige C-Compiler anderer Computer kennen beispielsweise keine "long"-Typen, manchen ist sogar "float" unbekannt.

Die "#define"-Anweisung habe ich weiter oben so behandelt, als könne man sie wie "const" nur zur Festlegung von Konstanten benutzen. Tatsächlich aber ist diese Anweisung erheblich vielseitiger! Sie können sich nämlich damit in C Ihren eigenen (persönlichen) Wortschatz schaffen. Ich möchte Ihnen dies an unserem "Kehrwert"-Programm demonstrieren:

```
#define Text      char
#define Zahl      float
#define Solange   while
#define Schreib   printf
#define Lies      scanf
#define Wenn      if
#define Sonst     else

main ()

{
  Text  Antwort[10];
  Zahl  Eingabe;
  Zahl  Kehrwert;

  Antwort[0] = 'j';
  Solange (Antwort[0] == 'j')
  {
    Schreib ("Gib eine Zahl ein:\n");
    Lies    ("%f", &Eingabe);
    Wenn (Eingabe == 0)
      Schreib ("Null hat keinen Kehrwert!");
    Sonst
    {
      Kehrwert = 1 / Eingabe;
      Schreib ("Der Kehrwert von %5.2f", Eingabe);
      Schreib (" ist %5.2f", Kehrwert);
    }
    Schreib ("\n\nNochmal (j/n)?");
    Lies    ("%s", Antwort);
  }
}
```

Warum ich die Variable "Zahl" in "Eingabe" umbenannt habe, verstehen Sie sicher. Ansonsten ist das Programm im Prinzip gleich geblieben. Sie glauben nicht, daß das läuft? Versuchen Sie's! Wenn Sie ein wenig Pascal können, so können Sie auch mit Hilfe der "#define"-Anweisungen den C-Wortschatz so umdefinieren, daß anschließend Ihre Programme in C Pascal-Programmen erstaunlich ähnlich sehen!

So würde nach Vereinbarung von

Alles muß vereinbart werden

```
#define then
#define begin {
#define end   }
#define write   printf
#define readln  scanf
```

ein Teil des "Kehrwert"-Programms so aussehen:

```
:
write ("Gib eine Zahl ein:\n");
readln ("%f", &Zahl);
if (Zahl == 0) then
  write ("Null hat keinen Kehrwert!");
else
begin
  Kehrwert = 1 / Zahl;
  write ("Der Kehrwert von %5.2f", Zahl);
  write (" ist %5.2f", Kehrwert);
end
:
```

Ähnliches gilt für BASIC. Die Zeilennummern müssen ja nicht unbedingt sein - Turbo BASIC kommt ganz ohne sie aus. Experimentieren Sie doch ruhig ein bißchen - z.B. auch mit dem "Hallo"-Programm! Ob deutsch oder englisch, ob Pascal oder BASIC: Der Präprozessor wird's schon richten, damit der Turbo-C-Compiler wieder ein wirkliches C-Programm erhält!

Abschließend noch eine Bemerkung: Ich empfehle Ihnen, Ersatzwörter, Konstanten, eigene Typen und Variablen in einer festen Reihenfolge ganz zu Anfang Ihres Programms zu vereinbaren! Das ist in Turbo C nicht unbedingt Vorschrift, macht ein Programm aber übersichtlicher. Auf jeden Fall müssen alle Vereinbarungen von Datentypen vor den Anweisungen getroffen werden, in denen sie Verwendung finden.

5.8 Zusammenfassung

Nun wissen Sie ja allerhand über Vereinbarungen und Zuweisungen, Festlegungen und Startwerte sowie darüber, daß Sie in Turbo C Ihrem Programm auch seine (Ihre) eigene Typ-Note geben dürfen. Sie kennen Vereinbarungen mit fester Wertzuweisung:

```
const <Typ> <Name> = <Wert>;
```

oder

```
#define <Name> <Wert>
```

Vereinbarungen mit veränderlicher Wertzuweisung:

```
<Typ> <Name> = <Wert>;
```

Vereinbarungen von Variablen (ohne Wertzuweisung):

```
<Typ> <Name>;
```

Definitionen von Typen :

```
typedef <Typ> <Name>;
```

Umbenennen vom Namen und Text:

```
#define <Neuname> <Altname>
```

Vereinbarung von Feldern für Variablen:

```
<Typ> <Name>[<Länge>];
```

Vereinbarung mit Startwerten:

```
<Typ> <Name>[<Länge>] = { <Werte> };
```

bei Strings auch:

```
char <Name>[<Länge>] = " <Zeichen> ";
```

Datentypen:

char	Zeichen	(1 Byte)
int	Ganzzahlen	(2 Byte)
short int	Ganzzahlen	(2 Byte)
long int	Ganzzahlen	(4 Byte)
float	Gleitpunktzahlen	(4 Byte)
double	Gleitpunktzahlen	(8 Byte)
unsigned	ohne Vorzeichen	(1, 2 oder 4 Byte)
signed	mit Vorzeichen	(1, 2 oder 4 Byte)

Typumwandlung:

```
char c;
int  i;
float f;
```

c = i;	Ganzzahl in Zeichen (ASCII/IBM)
i = c;	Zeichen in Ganzzahl (ASCII/IBM-Code)
i = f;	Ganzteil einer Gleitkommazahl
i = f + .5;	Gerundete Ganzzahl aus Gleitpunktzahl
f = i;	Ganzzahl als Gleitkommazahl

6. Funktionen

Das ist der Grundwortschatz von Turbo C:

asm *	auto	break	case	cdecl *
char	const	continue	default	do
double	else	enum	extern	far *
float	for	goto	huge *	if
int	interrupt *	long	near *	pascal *
register	return	short	signed	sizeof
static	struct	switch	typedef	union
unsigned	void	volatile	while	

Die mit (*) gekennzeichneten Wörter sind Erweiterungen von Turbo C. Wenn Sie beispielsweise das BASIC zu Ihrem PC kennen, werden Sie jetzt verwundert fragen: Und solch eine Sprache mit dem bißchen Wortschatz soll mehr vermögen als das umfangreich(st)e BASIC? Es kommt aber nicht so sehr auf die Quantität, sondern eher auf die Qualität an!

6.1 Turbo C ist lernfähig

Wenn Sie genau hingeschaut haben, so konnten Sie nirgends in der Liste die Wörter "main", "printf" und "scanf" entdecken. Immerhin sind gerade die aber in (fast) jedem Programm - teilweise sogar häufiger - vorgekommen! Woher kennt Turbo C diese Begriffe?

Nun, die ganz oben aufgeführten Wörter sind sozusagen der Wortschatz, den der Turbo-C-Compiler ständig mit sich führt. Kommt nun in einem Programm ein Wort vor, das der Turbo-C-Compiler nicht kennt, so wird zunächst überprüft, ob es eine Variable ist. Ist die vereinbart, ist alles in Ordnung. Ansonsten meldet der Compiler einen Fehler. Ist das Wort keine Variable, so hält es der Compiler für eine Funktion. Die Grundform einer solchen Funktion kennen wir bereits von

```
main ()
scanf ()
printf ()
```

Ist die Funktion syntaktisch richtig, kontrolliert der Compiler weiter, ob diese Funktion vereinbart wurde. Bei Funktionen wie den drei oben genannten findet er diese Vereinbarung nicht vor. Und trotzdem macht er keine Fehlermeldung!

Der Compiler verläßt sich einfach darauf, daß die betreffende Funktion dann in einer Bibliothek zu finden ist und überläßt es dem Linker, dem Programm die Vereinbarung dieser Funktion aus der Bibliothek hinzuzufügen. Wenn der Linker jedoch diese Funktion in keiner der vorhandenen Bibliotheken findet, dann meldet der einen Fehler. Die Funktionen "main", "scanf" und "printf" sind in der Standard-Bibliothek bereits enthalten. Deshalb machen Compiler und Linker von Turbo C hier keine Schwierigkeiten.

Es ist wie beim Menschen - der allerdings schon von vornherein über einen umfangreicheren Wortschatz verfügt als jede Programmiersprache an Wörtern je hat. (Dabei sei es dahingestellt, wie sinnvoll die Wörter sind, die der Mensch da kennt!) Wenn Sie zum Beispiel ein Wort hören, dessen Bedeutung Sie nicht kennen, so gehen Sie einfach davon aus, daß dieses Wort in einem Ihrer Wörterbücher stehen wird. Und schimpfen werden Sie erst, wenn Sie es trotz intensiven Suchens in keinem Ihrer Bücher gefunden haben...

Kehren wir zurück zu Turbo C! Wir können also sagen: C hat einen kleinen (Grund-)Wortschatz. Die wichtigsten Wörter haben Sie im Einführungsteil bereits kennengelernt. Alles, was mit diesen "Schlüsselwörtern" (engl. "keywords") nicht bewältigt werden kann, erledigen Operatoren (wie z.B. + oder -) oder Funktionen. Letztere stammen meist aus bereits vorhandenen Bibliotheken - wie "main", "scanf" und "printf".

Und wenn nicht, so müssen Sie sie eben selbst vereinbaren oder erstellen und sie in einer (eigenen) Bibliothek zusammenfassen. Das heißt also, daß Sie Turbo C neue Wörter beibringen und damit seinen Wortschatz ständig erweitern können. Das bedeutet,

Funktionen 95

daß Turbo C auch in der Lage ist, sich diese neu gelernten Wörter dauerhaft zu merken und daß Sie auch für Ihre künftigen Programme auf diesen (erweiterten) Wortschatz zurückgreifen können.

Probieren wir das gleich einmal aus! Sie erinnern sich an das kleinste C-Programm? Es lautete

```
main ()
{
}
```

und tat nichts. Um das noch deutlicher zu machen, könnten wir auch sagen:

```
main ()

{
   tunix ();
}
```

Dazu müssen wir jedoch "tunix" als Funktion vereinbaren, die nichts tut:

```
tunix ()
{
}
```

Und dann tut das Gesamtprogramm wie befohlen wirklich nichts...

6.2   Eine neue Anweisung

Sie wünschen ein sinnvolleres Beispiel? Eines, wo etwas getan wird. Nehmen wir das Vertauschen zweier Werte - eine bei Sortierverfahren oft benötigte Funktion. Bringen wir unserem Turbo C die Anweisung "tausche" für Ganzzahlen bei!

Aber einen Moment noch: Erst einmal sollten wir überlegen: Wie wird überhaupt getauscht? Stellen Sie sich dazu vor, Sie haben in jeder Hand eine volle Flasche Sekt: Vertauschen Sie die jetzt einmal! Wahrscheinlich werden Sie dabei mit Ihren Händen allein nicht auskommen. Und genauso ist es mit dem Tausch zweier Variablen: Auch da benötigen Sie die Unterstützung einer Hilfsvariablen, damit beim Tausch nichts schiefgeht.

Nennen wir die zu vertauschenden Variablen - einfallslos wie wir sind - "a" und "b"; nennen wir die Hilfsvariable "x". Der Tauschvorgang würde in C übersetzt dann so lauten:

```
x = a;
a = b;
b = x;
```

Daß ein "Tausch" in der Form

```
a = b;
b = a;
```

nicht den gewünschten Zweck erfüllt, sollten Sie sich schon klarmachen: z.B. mit zwei Flaschen Sekt!

Natürlich müssen die verwendeten Variablen auch noch vereinbart werden. Bevor wir das tun, möchte ich noch auf den unterschiedlichen Verwendungszweck dieser Variablen hinweisen: Während "a" und "b" offenbar im gesamten Programm verwendet werden (können), benötigen wir die Variable "x" doch nur für den Vertauschungsprozeß. Es würde demnach genügen, die Variable "x" auch nur innerhalb der Tauschfunktion zu vereinbaren! Ergänzen wir also unsere Funktion entsprechend:

```
int x;
x = a;
a = b;
b = x;
```

Die Variablen "a" und "b" müssen nun ebenfalls vom gleichen Typ wie "x" sein! Das Ganze sieht nun noch ein wenig kopflos aus! Wir müssen der Funktion schon einen Namen - als Kopf - geben. Und ebenso wie wir mit dem Turbo-C-Compiler die

Funktionen

Hauptfunktion durch main () vereinbaren, so müssen wir auch der neuen Funktion ein solches "Vorwort" geben; z.B.:

```
tausche ()
```

Und so ergibt sich dann für die Tauschfunktion diese Form:

```
int tausche ()

{
  int x;

  x     = Zahl1;
  Zahl1 = Zahl2;
  Zahl2 = x;
}
```

Sie sehen, daß auch der Typ dieser Funktion vereinbart wurde - es geht bei dieser Funktion ja um ganze Zahlen! Nun benötigen wir noch ein Testprogramm für unsere Funktion "tausche", welches folgendes Aussehen haben könnte:

```
int Zahl1, Zahl2;

/* Selbstdefinierte Funktion */

int   tausche ()

{
  int x;

  x     = Zahl1;
  Zahl1 = Zahl2;
  Zahl2 = x;
}

/* Hauptfunktion */

main ()

{
  printf ("1. Zahl: "); scanf ("%d", &Zahl1);
  printf ("2. Zahl: "); scanf ("%d", &Zahl2);
```

```
       printf ("Vor  dem Tausch: %8d und %8d\n", Zahl1, Zahl2);
       tausche ();
       printf ("Nach dem Tausch: %8d und %8d\n", Zahl1, Zahl2);
       tausche ();
       printf ("Und zurück      : %8d und %8d", Zahl1, Zahl2);
}
```

Sie haben nicht vergessen, daß die Eingabeanweisung "scanf" hier einen Zeiger auf eine Variable erwartet? Achten Sie bitte auch darauf, daß die Anzahl der Formatzeichen ("%") mit der Anzahl der Variablen übereinstimmt.

6.3 Innerhalb und außerhalb

Beachten Sie bitte, an welcher Stelle die Variablen "Zahl1" und "Zahl2" vereinbart wurden. Durch die Vereinbarung außerhalb der Hauptfunktion "main" (und natürlich auch "tausche") sind diese beiden Variablen nun global, das heißt über alle Funktionen hinweg gültig. Werden Variablen dagegen innerhalb einer Funktion vereinbart, so sind sie lokal, also nur innerhalb der jeweiligen Funktion gültig!

Fügen Sie der Hauptfunktion doch einmal hinter einem der Aufrufe

```
    tausche ();
```

die Anweisung

```
    printf ("%d", x);
```

hinzu und Sie werden feststellen, daß dort eine Variable "x" offenbar überhaupt nicht bekannt ist! Daraus schließen Sie richtig, daß eine innerhalb einer Funktion vereinbarte Variable immer nur innerhalb dieser Funktion bekannt und gültig ist! Das gilt - wie Sie leicht feststellen können - auch für die Hauptfunktion "main" selbst:

Funktionen

```
main ()
{
  int Zahl1, Zahl2;

  printf ("1. Zahl: "); scanf ("%d", &Zahl1);
  printf ("2. Zahl: "); scanf ("%d", &Zahl2);
  printf ("Vor dem Tausch: %8d und %8d\n", Zahl1, Zahl2);
  tausche ();
  printf ("Nach dem Tausch: %8d und %8d\n", Zahl1, Zahl2);
  tausche ();
  printf ("Und zurück     : %8d und %8d", Zahl1, Zahl2);
}
```

Bei dieser Vereinbarung sind der Funktion "tausche" die Variablen "Zahl1" und "Zahl2" unbekannt. Diese Möglichkeit, Variablen nicht nur

    global - also für das gesamte Programm,

sondern auch

    lokal - also nur für einen bestimmten Teil

des Programms zu vereinbaren, weiß jeder Programmierer zu schätzen, der bei der Bearbeitung eines umfangreichen (unübersichtlichen?) Programms versehentlich nun schon zum x-ten Male die Variable "x" (oder "i") global benutzt hat, und dies jedesmal zu einem anderen Zweck. Oft nämlich werden Variablen nur für einen Teil des Programms benötigt. Und die lokale Vereinbarung einer Variablen ermöglicht Ihnen in jeder Funktion die Verwendung immer desselben Namens. Wenn Sie also zum x-ten Male beispielsweise "x" (oder "i") verwenden, macht das nichts - solange die betreffende Variable einen kontrollierten Gültigkeitsbereich hat.

Haben wir die entsprechende Funktion vereinbart, so können wir sie im Hauptprogramm wie eine Anweisung behandeln, indem wir nur ihren Namen aufrufen. Diejenigen unter Ihnen, die schon in Pascal programmiert haben, mag das alles an Prozeduren (Vereinbarung mit PROCEDURE) erinnern. Tatsächlich sind Funktionen in C und Prozeduren in Pascal sich ähnlich; wie Sie später noch sehen werden, sind C-Funktionen aber vielseitiger. Wenn Sie BASIC-Erfahrungen haben, mögen Sie jetzt an Unterprogramme denken, die mit "GOSUB" angesprungen werden und aus denen man mit "RETURN" ins Hauptprogramm zurückkehren kann. Auch da gibt es Ähnlichkeiten; ein Unterprogramm in BASIC jedoch ist Teil eines Programms bzw. ein Programmabschnitt, der nur ein (durch "RETURN") markiertes Ende besitzt. Anders ist es in Turbo BASIC, wo ebenfalls die Vereinbarung und Anwendung pascal-ähnlicher Prozeduren möglich ist!

Funktionen in C und Prozeduren in Pascal (und Turbo BASIC) dagegen besitzen eine gewisse Eigenständigkeit: In Pascal ist eine Prozedur sozusagen ein "Programm im Programm", in Turbo C besteht eine Funktion neben der Haupt-Funktion "main" (und in Turbo BASIC eine Prozedur neben dem Hauptprogramm). Versuchen Sie folgende Variante:

```
main ()

{
  int Zahl1, Zahl2;

  int tausche ()
  {
    int x;

    x     = Zahl1;
    Zahl1 = Zahl2;
    Zahl2 = x;
  }

  /* Hauptfunktion */

    printf ("1. Zahl: "); scanf ("%d", &Zahl1);
    printf ("2. Zahl: "); scanf ("%d", &Zahl2);
    printf ("Vor  dem Tausch: %8d und %8d\n", Zahl1, Zahl2);
      tausche ();
      printf ("Nach dem Tausch: %8d und %8d\n", Zahl1, Zahl2);
    tausche ();
    printf ("Und zurück     : %8d und %8d", Zahl1, Zahl2);
}
```

Na, was sagt der Turbo-Compiler? Offenbar ist er nicht damit einverstanden, daß Sie die Funktion innerhalb der Hauptfunktion vereinbaren wollten. Das sollten Sie sich merken: In C darf eine neue Funktion nur außerhalb der Hauptfunktion vereinbart werden! Oder: Eine Funktionsvereinbarung darf nie innerhalb einer anderen Funktion stehen - auch nicht in der Hauptfunktion "main"! Ob Sie die Funktionen "main" und "tausche" in beliebiger Reihenfolge vereinbaren können, das sollten Sie den Turbo-C-Compiler selbst fragen!

6.4 Gelernt und schon verstanden

Vertiefen wir das soeben kennengelernte Vereinbaren und Aufrufen von Funktionen ein wenig. So könnten wir das gesamte Programm in Teile zerlegen und diese einzeln zu Funktionen machen:

```
int nimm_Zahlen ()

{
  printf ("1. Zahl: "); scanf ("%d", &Zahl1);
  printf ("2. Zahl: "); scanf ("%d", &Zahl2);
}


int zeig_vorher ()

{
  printf ("Vor  dem Tausch: %8d und %8d\n", Zahl1, Zahl2);
}


int zeig_nachher ()

{
  printf ("Nach dem Tausch: %8d und %8d\n", Zahl1, Zahl2);
}
```

```
    int zeig_nochmal ()
    {
       printf ("Und zurück     : %8d und %8d", Zahl1, Zahl2);
    }
```

Diese neuen Funktionen ersetzen nun wesentlich den alten Hauptprogrammblock. Dieser erhält nun mit einem Mal ein Aussehen, das einer Anweisungsfolge in unserer Umgangssprache doch ziemlich nahe kommt:

```
/* Hauptprogramm */

main ()
{
   nimm_Zahlen ();
   zeig_vorher ();
   tausche ();
   zeig_nachher ();
   tausche ();
   zeig_nochmal ();
}
```

Wenn Ihnen der Telegrammstil nicht paßt, bleibt es Ihnen unbenommen, die Namen dieser Funktionen noch weiter auszuformulieren. Denken Sie aber daran, daß der Turbo-Compiler - wie bei den Variablennamen auch - nicht mehr als 32 Buchstaben für eine Unterscheidung zwischen zwei Namen berücksichtigt!

Nun sollte es uns noch wichtig erscheinen, wie der Compiler sich die soeben neu gelernten Anweisungen dauerhaft merkt. Klar ist zunächst einmal, daß ihm die vereinbarten Funktionen für die Dauer des Programms geläufig sind. Klar ist außerdem: Nach dem Sichern dieses Programms auf Diskette mit:

<F>   bzw.   "File"

und

<S>   bzw.   "Save"

Funktionen　　　　　　　　　　　　　　　　　　　　　　　**103**

oder einfach nur aus dem Editor heraus direkt über <F2> und erneutem Laden mit:

        <F> bzw. "File"

und

        <L> bzw. "Load"

oder aus dem Editor heraus direkt über <F3> erinnert sich der Compiler nach dem Kompilieren wieder an diese Funktionen, und auch der Linker ist zufrieden.

Vielleicht begnügen Sie sich damit schon? Ich nicht! Ich würde eine selbstdefinierte Funktion gern so gesichert wissen, daß ich sie auch in anderen Programmen verwenden kann. Denn wenn Sie ein völlig neues Programm schreiben und darin einfach nur z.B. die Anweisung "tausche ();" geben, so wird der Linker Ihnen mitteilen, daß dieses Wort in den Bibliotheken nicht zu finden ist, in denen er nachgeschaut hat!

6.5　Wiederverwendung von Funktionen

Wir sollten also neue Funktionen, die wir gern auch für andere Programme verwenden möchten, separat auf Diskette sichern. Ich nehme an, daß Sie das obenstehende Programm noch komplett im Turbo-Editor stehen haben. Dieser Editor bietet Ihnen mehrere Block-Operationen an. So können Sie Anfang und Ende eines Blockes markieren und diesen Block löschen, versetzen, kopieren und ihn auf Diskette schreiben. Nutzen wir jetzt diese Möglichkeiten:

Den Anfang des Blockes (= der betreffenden Funktion) markieren Sie mit:

        <CTRL>-K-B

Das Block-Ende markieren Sie, indem Sie den Cursor dorthin bringen und dann

        <CTRL>-K-K

drücken. Nun wird Ihre Markierung sichtbar. Ansonsten müssen Sie den Vorgang wiederholen! Als nächstes folgt

    <CTRL>-K-W

Ein Fenster fragt Sie nach dem Namen, unter dem Sie den Block auf Diskette schreiben wollen:

```
┌─ Write Block To File ─┐
│                       │
└───────────────────────┘
```

Ihre Funktion sollten Sie sinnvollerweise unter dem Namen sichern, den sie auch im Programm hat(te). Gegebenenfalls ist eine Abkürzung nötig, da das PC-Betriebssystem nur maximal 8 Zeichen zuläßt. Außerdem könnten Sie (durch Punkt getrennt) noch 3 weitere Zeichen anhängen. Ich empfehle Ihnen das Kürzel ".H" (für "Header"), weil das in C für diese Art von Files üblich ist. Sämtliche "Include"-Dateien besitzen diese Kennung. Sie könnten aber auch z.B. ".C" anhängen, denn immerhin ist es ja auch ein C-Quelltext. Nachdem Ihr File - nennen wir es "tausche.h" - dann auf einer Diskette untergebracht ist, bleibt noch die "main"-Funktion übrig:

```
    int Zahl1, Zahl2;


    /* ehemaliger Platz */
    /* von     "tausche" */


    main ()

    {
      printf ("1. Zahl: "); scanf ("%d", &Zahl1);
      printf ("2. Zahl: "); scanf ("%d", &Zahl2);
      printf ("Vor  dem Tausch: %8d und %8d\n", Zahl1, Zahl2);
      tausche ();
      printf ("Nach dem Tausch: %8d und %8d\n", Zahl1, Zahl2);
      tausche ();
      printf ("Und zurück     : %8d und %8d", Zahl1, Zahl2);
    }
```

Funktionen 105

Die ist natürlich so nicht mehr lauffähig - wie Ihnen der Turbo-Linker bestätigen wird! Denn "tausche ()" ist in keiner Bibliothek zu finden. Aber - so werden Sie sich nun entrüsten - ich habe doch gerade diese Funktion auf Diskette gesichert! Was Sie unter "tausche.h" abgespeichert haben, ist der Quellcode der Funktion. Was aber soll der Linker mit einem File anfangen, das nicht im Objectcode - also in Maschinensprache - vorliegt? Möchten Sie also Ihre "tausche"-Funktion wiederhaben, so müssen Sie sie auf andere Weise in den bestehenden Text einbinden.

Die eine Möglichkeit ist, im Editor den Cursor an die Stelle zu setzen, an der die Funktion eingefügt werden soll. Wenn Sie das ausprobieren wollen, so löschen Sie zuerst den markierten Block mit <CTRL>-K-Y. Dann öffnen Sie mit

```
<CTRL>-K-R
```

wieder ein kleines Fenster:

```
┌─ Read Block From File ─┐
│ *.C                    │
└────────────────────────┘
```

Vielleicht erinnern Sie sich noch: Sollten Sie einmal den Namen Ihrer "Header"- (oder einer anderen) Datei vergessen haben, so können Sie sich auch (wie bei "Directory") den Disketteninhalt in einer Box zeigen lassen. In diesem Falle ersetzen Sie das obige "*.C" durch ein "*.H". Mit den Cursortasten läßt sich dann das gewünschte File anwählen und durch Drücken von <RETURN> in den Editor an die (durch den Cursor) bezeichnete Stelle laden. Anschließend können Sie mit <CTRL>-K-H die Markierung des Blockes wieder entfernen.

Es gibt noch eine andere Möglichkeit, die durchaus sehenswert ist. Wir verwenden hierzu eine Anweisung, die mit der "#define"-Anweisung verwandt ist: Wie Sie sich vielleicht erinnern, wurde mit "#define" der Präprozessor veranlaßt, bestimmte Teile des gesamten Programms durch andere zu ersetzen, bevor sie dem Compiler in die Hände fallen. Nun ist es die Aufgabe eben dieses Präprozessors, ein File mit C-Quellcode mit:

```
    #include
```

ins (restliche) Gesamtprogramm einzubinden. Das heißt, daß nun an der Stelle, wo zuvor die Vereinbarung der Funktion "tausche" ihren Platz hatte, nunmehr diese Anweisung für den Präprozessor zu finden ist:

```
    int Zahl1, Zahl2;

    /* einzubindende Funktion */

    #include "tausche.h"

    /* Hauptfunktion */

    main ()

    {
      printf ("1. Zahl: "); scanf ("%d", &Zahl1);
      printf ("2. Zahl: "); scanf ("%d", &Zahl2);
      printf ("Vor  dem Tausch: %8d und %8d\n", Zahl1, Zahl2);
      tausche ();
      printf ("Nach dem Tausch: %8d und %8d\n", Zahl1, Zahl2);
      tausche ();
      printf ("Und zurück     : %8d und %8d", Zahl1, Zahl2);
    }
```

Gewöhnlich werden "#include"- und "#define"-Anweisungen wegen der besseren Übersichtlichkeit ganz an den Programm-Anfang gestellt:

```
    #include "tausche.h"

    int Zahl1, Zahl2;

    main ()

    :
    :
```

Wie Sie nachprüfen können, hat der Turbo-C-Compiler daran nichts auszusetzen. Wir sollten also künftig bei dieser Reihen-

Funktionen 107

folge bleiben. Nunmehr können Sie "tausche.h" in jedes beliebige Programm einbinden, in dem die beiden Variablen "Zahl1" und "Zahl2" vorkommen. Die "#include"-Anweisung kann dort an beliebiger Stelle, sollte aber am Anfang stehen.

6.6 Verbindungen

Eine andere Möglichkeit wäre, die neue Funktion mit einer anderen (z.B. "main"-Funktion) über den Linker zu verbinden. Dazu ist es nötig, auch diese Funktion zuerst durch den Compiler in ein "OBJ"-File zu übertragen. Übergeben Sie dem Turbo-Compiler doch einmal den Quellcode "tausche.h" zur Bearbeitung. Vielleicht interessiert Sie in diesem Zusammenhang die folgende Option: Öffnen Sie vom Hauptmenü aus mit

                \<C\> bzw. "Compile"

ein Fenster, das Ihnen folgendes bietet:

```
Compile to OBJ   A:TAUSCHE.OBJ
Make EXE file    A:TAUSCHE.EXE
Link EXE
Build all
Primary C file: A:TAUSCHE.H
```

Wenn Sie nur compileren oder nur linken wollen, so geht das über:

                \<C\> bzw. "Compile to OBJ"

oder

                \<L\> bzw. "Link EXE"

Die Möglichkeit:

                \<M\> bzw. "Make EXE file"

vereinigt beides, ihr fehlt aber die Aufforderung zum anschließenden Programmlauf. (Die anderen beiden Optionen lasse ich hier beiseite; dazu komme ich später.) Der Turbo-Compiler bemängelt nach einem Durchlauf von "tausche.h", was Sie als aufmerksamer Betrachter dieser Funktionsvereinbarung bereits vermutet haben: Die Variablen "Zahl1" und "Zahl2" sind nicht definiert. Ändern wir also vor dem nächsten Durchgang die Definition entsprechend:

```
int Zahl1, Zahl2;

int tausche ()

{
  int x;

  x     = Zahl1;
  Zahl1 = Zahl2;
  Zahl2 = x;
}
```

Nun übersetzt der Compiler diesen Programmblock klaglos. Erstaunlich: Denn "tausche.h" ist kein eigenständiges Programm! Treiben wir das Spiel noch ein wenig weiter - durch den Linker! Zuvor muß der "main"-Block wieder diese Form erhalten und erneut zum "OBJ"-File werden:

```
int Zahl1, Zahl2;

main ()

{
  printf ("1. Zahl: "); scanf ("%d", &Zahl1);
  printf ("2. Zahl: "); scanf ("%d", &Zahl2);
  printf ("Vor  dem Tausch: %8d und %8d\n", Zahl1, Zahl2);
  tausche ();
  printf ("Nach dem Tausch: %8d und %8d\n", Zahl1, Zahl2);
  tausche ();
  printf ("Und zurück     : %8d und %8d", Zahl1, Zahl2);
}
```

Nach dem Kompilieren dieses Blockes haben wir zwei Files im Objectcode mit unterschiedlichen Namen. Wenn wir nun dem Linker beide übergeben würden, so könnte er beide Files (zusammen mit den benötigten Teilen aus der Bibliothek) zu einem lauffähigen Ganzen verknüpfen! Für dieses Projekt benötigt der Turbo-Linker eine entsprechende Liste, der wir vom Hauptmenü aus über:

        <P>   bzw.   "Project"

und

        <P>   bzw.   "Project name"

zunächst einen Namen geben - z.B. "WECHSEL.PRJ". Wichtig ist, daß dieser Name die Kennung ".PRJ" trägt! Bestätigen Sie das mit <RETURN>, und leeren Sie anschließend (vom Hauptmenü aus über <F> bzw. "File" und <N> bzw. "New") den Editor. Dort geben Sie ein:

      tausche.h
      wechsle.c

Dann sichern Sie diese kleine Liste mit <F2> (oder vom Hauptmenü aus mit <F> bzw. "File" und <S> bzw. "Save") unter dem Namen "WECHSEL.PRJ" auf Diskette. Wichtig ist, daß dieser mit dem unter "Project" vereinbarten Namen übereinstimmt! Zur Vorsicht sollten Sie jetzt mit <F9> oder vom Hauptmenü aus über

        <C>   bzw.   "Compile"

und

        <M>   bzw.   "Make EXE file"

alles noch einmal kompilieren und hinterher linken lassen. (Oder Sie bedienen sich einer der anderen Optionen.) Schauen Sie sich dabei in der Kontrollbox an, welche Dateien der Compiler (in ".OBJ"-Files) übersetzt und der Linker zusammenbindet! Sind Ihre beiden Dateien dabei?

Gerade haben Sie entdeckt, daß der Linker zwei Fehler meldet: Auf einmal hat er zu bemängeln, daß die beiden Variablen "Zahl1" und "Zahl2" doppelt vereinbart sind! Aber eben noch sind doch beide Dateien vom Compiler ohne Fehlermeldung oder Warnung übersetzt worden! Da waren sie auch noch voneinander getrennt. Doch jetzt, wo sie vereint zum einem Programm werden sollen, bedürfen sie auch nur einer Variablendefinition!

Nun wollen Sie die Vereinbarung der Variablen in "tausche.h" wieder streichen, da fällt Ihnen ein, daß dann der Compiler wieder Ärger macht. Aber die beiden Variablen müssen doch dem vorangehenden Block "tausche.h" wenigstens bekannt gemacht werden. Das heißt, in diesem Block muß der Compiler einen Hinweis darauf finden, daß die Variablen schon vereinbart wurden oder noch werden - nur eben an anderer Stelle, also außerhalb dieses Blocks! Und das geschieht so:

```
extern int Zahl1, Zahl2;

int tausche ()

{
  int x;

  x     = Zahl1;
  Zahl1 = Zahl2;
  Zahl2 = x;
}
```

Nun dürfte Ihrem "Wechsel"-Projekt nichts mehr im Wege stehen! Sie können von nun an das File "tausche.obj" bei Bedarf mit Hilfe des Linkers in jedes andere Programm einbinden, wenn dies als Objekt-File vorliegt (und dort die betreffenden externen Variablen auch vereinbart sind). Oder Sie lassen es als "Header" auf Diskette und fügen es über "#include" in Ihre Programme - ganz wie Sie wollen!

Zur Übung sollten Sie diese Vorgänge noch mit anderen Funktionen wiederholen, die aus dem ehemaligen Hauptprogrammblock entstanden sind. Wenn Sie jede der Funktionen als einzelnen Block sichern - ob als Quelltext oder als Objekt-File -, so können Sie anschließend damit ein Programm neu aufbauen. Wenn Sie wieder andere Programme als das eingestellte Projekt bearbeiten wollen, müssen Sie zuvor über:

```
<P>    bzw.   "Project"
```

Funktionen 111

und

        `<C>` bzw. `"Clear Project"`

den Projektnamen wieder löschen! Sonst kümmert sich Turbo C weiterhin (nur) um dassselbe Projekt ("Wechsel")!

6.7 Zusammenfassung

Sie wissen jetzt, daß Sie dem Compiler mit Funktionen einige neue Wörter beibringen oder gar mit der Zeit eine ganze Bibliothek einrichten können.

Sie wissen, daß Sie Funktionen mit:

        `<Typ> <Name> ()`

vereinbaren müssen und mit:

        `<Name> ();`

aufrufen können. (Beachten Sie das Semikolon!)

Sie wissen, daß Sie Variablen innerhalb einer Funktion vereinbaren können, und damit diese nur innerhalb dieser Funktion gültig sind.

Sie können im Quelltext mit:

`<CTRL>-K-B`	den Anfang eines Blockes markieren
`<CTRL>-K-K`	ein Block-Ende markieren
`<CTRL>-K-H`	die Markierungen löschen
`<CTRL>-K-Y`	den markierten Block löschen
`<CTRL>-K-W`	den Block auf Diskette sichern
`<CTRL>-K-R`	einen Block von Diskette laden

Sie können aber auch mit

        `#include "<Name>"`

den Präprozessor anweisen, diese von Diskette in Ihre Programme einzubinden. Eine weitere Verbindung läßt sich mit dem Linker herstellen, wenn Sie zuvor über den Editor eine Projektliste erstellen, diese auf Diskette sichern und dann Turbo C Ihr Projektvorhaben über:

        `<P>`   bzw.   "Project"

und

        `<P>`   bzw.   "Project name"

mitteilen. Weil die verwendeten Variablen für den Compiler in jeder Funktion definiert werden müssen, der Linker jedoch keine Doppelvereinbarungen mag, müssen sie diese in einer Funktion als

        extern `<Typ>` `<Name>`;

vereinbaren. Vergessen Sie nicht, nach erfolgreichem Projektverlauf und vor Inangriffnahme eines neuen Programms mit

        `<P>`   bzw.   "Project"

und

        `<C>`   bzw.   "Clear Project"

die alte Einstellung zu löschen! Schließlich kennen Sie nun einige Möglichkeiten, die bisher automatisierten Vorgänge auch einzeln ablaufen zu lassen:

Aus dem Hauptmenü:

	`<C>`	bzw.	"Compile"	
dann	`<C>`	bzw.	"Compile to OBJ"	nur Kompilieren
oder	`<L>`	bzw.	"Link EXE"	nur Linken
oder	`<M>`	bzw.	"Make EXE file"	Kompilieren und Linken
	`<R>`	bzw.	"Run"	Make und Programmlauf

7. Operation und Kontrolle

Was eine Operation ist, wissen Sie? Ich denke dabei nicht an Ihren Blinddarm, sondern eher an die Mathematik:

```
Zahl1 + Zahl2
```

ist eine Operation, und "+" ist dabei der Operator. Wenn Sie bereits eine andere Programmiersprache als C kennen, so haben Sie sicher alle verfügbaren Operatoren schon einmal in Ihren Programmen verwendet. Einige Operatoren in C haben Sie ja auch bereits kennengelernt und deren Form mit einer gewissen Verwunderung zur Kenntnis genommen.

Im Gegensatz zu jeder anderen mir bekannten Programmiersprache verfügt nun C nicht nur über einige wenige, sondern eine Fülle von Operatoren - wie Sie noch sehen werden! In dieser Hinsicht unterscheidet sich Turbo C nicht von anderen C-Compilern.

7.1 Ein bißchen Mathematik

Bleiben wir gleich bei dem Beispiel der Addition zweier Zahlen und weiten wir es aus auf alle Grundrechenarten. Schauen Sie sich dazu das folgende Programm nicht nur an, sondern lassen Sie es auch mehrmals - mit verschiedenen Zahlen - laufen:

```
main ()   /* Mathe */

{
   int  Zahl1, Zahl2;
   int  Ergebnis;

   printf ("   Jetzt wird gerechnet !!!\n");
   printf ("-------------------------------\n");
   printf ("Geben Sie dazu zwei Zahlen ein:\n\n");
   scanf  ("%d %d", &Zahl1, &Zahl2);

   Ergebnis = Zahl1 + Zahl2;
   printf ("\n%d + %d = %d", Zahl1, Zahl2, Ergebnis);
```

```
        Ergebnis = Zahl1 - Zahl2;
        printf ("\n%d - %d = %d", Zahl1, Zahl2, Ergebnis);
        Ergebnis = Zahl1 * Zahl2;
        printf ("\n%d * %d = %d", Zahl1, Zahl2, Ergebnis);
        Ergebnis = Zahl1 / Zahl2;
        printf ("\n%d / %d = %d", Zahl1, Zahl2, Ergebnis);
}
```

Wenn Ihnen die ständige Neueingabe sich wiederholenden Textes lästig ist, bietet Ihnen der Turbo-Editor eine kleine Hilfe an: Markieren Sie den entprechenden Abschnitt über <CTRL>-K-B und <CTRL>-K-K. Setzen Sie den Cursor an die Stelle, wo ein gleicher Block stehen sollte, und geben Sie dann

<CTRL>-K-C

ein. Nun besitzen Sie eine Kopie des markierten Blockes. Diesen Vorgang können Sie nun beliebig oft wiederholen. Mit <CTRL>-K-V können Sie einen Block auch nur verschieben. Und mit <CTRL>-K-H entfernen Sie anschließend die Markierungen wieder. Nun können Sie die kopierten Sätze entsprechend modifizieren.

Vielleicht erinnern Sie sich noch, daß bei einer Eingabe mit "scanf" immer ein Zeiger (für Zahlen mit "&") auf eine Variable benötigt wird. Und vielleicht auch daran, daß bei Ein- und Ausgabe die Anzahl der "Platzhalter" (mit "%") immer der Anzahl der Variablen entsprechen muß?

Mathematisch ist das Programm aber nun wirklich nichts besonderes, meinen Sie. So unrecht haben Sie nicht. Aber schauen Sie einmal auf die Division zweier ganzer Zahlen, die nicht restlos durch einander teilbar sind! Beispielsweise ergibt 7/4 eben nicht 1.75, sondern nur 1. Das heißt, daß bei der Division ganzer Zahlen das Resultat auch wieder eine ganze Zahl ist! Ergänzen Sie Ihr Programm nun um diese Anweisungsfolge:

```
        Ergebnis = Zahl1 % Zahl2;
        printf ("\n%d %% %d = %d", Zahl1, Zahl2, Ergebnis);
```

Dann finden Sie für unser Beispiel mit 7/4 als Ergebnis die ganze Zahl 3 vor, also den Rest der Division zweier ganzer

Operation und Kontrolle 115

Zahlen. (Den Pascal-Kenner möchte ich hier auf die Operatoren "DIV" und "MOD" hinweisen.) C kennt also für alle Zahlen nur einen Divisionsoperator (/)! Der Modulo- bzw. Restoperator (%) gilt nur für ganze Zahlen. (Wissen Sie noch, warum hier "%%" statt einfach nur "%" steht?)

Versuchen Sie jetzt diese kleine Änderung in Ihrem Programm:

```
main ()   /* Mathe? */

{
    char Zahl1, Zahl2;
    char Ergebnis;

    printf ("   Jetzt wird's seltsam !!!\n");
    printf ("-------------------------------\n");
    printf ("Geben Sie dazu zwei Zeichen ein:\n\n");
    scanf  ("%c %c", &Zahl1, &Zahl2);

    Ergebnis = Zahl1 + Zahl2;
    printf ("\n%c + %c = %c", Zahl1, Zahl2, Ergebnis);
    Ergebnis = Zahl1 - Zahl2;
    printf ("\n%c - %c = %c", Zahl1, Zahl2, Ergebnis);
    Ergebnis = Zahl1 * Zahl2;
    printf ("\n%c * %c = %c", Zahl1, Zahl2, Ergebnis);
    Ergebnis = Zahl1 / Zahl2;
    printf ("\n%c / %c = %c", Zahl1, Zahl2, Ergebnis);
    Ergebnis = Zahl1 % Zahl2;
    printf ("\n%c %% %c = %c", Zahl1, Zahl2, Ergebnis);
}
```

Sie meinen, das sei wirklich merkwürdig? Mit Mathematik hat das aber dennoch zu tun! Sie sehen hier wieder einmal die enge Verwandtschaft zwischen Zahlen und Zeichen: Nehmen Sie die ASCII/IBM-Zeichentabelle am Ende dieses Buches (Anhang D) und vielleicht einen Taschenrechner zu Hilfe, während Sie das Programm "Mathe?" mit jeweils verschiedenen Zahlen (Zeichen) laufen lassen. Sind Sie selbst darauf gekommen, was dahinter steckt? Wenn Sie z.B. für die Addition zweier Zeichen deren Code zusammenzählen und zum Ergebnis das dazugehörige Zeichen suchen, wenn Sie gleiches für die anderen Rechenoperationen tun, so kommen Sie schnell dahinter, daß auch das Mathematik ist, was da abläuft!

Daß die ganze Rechnerei auch mit Variablen des Typs "float", "short", "long", "double" oder "signed" und "unsigned" möglich ist, muß hier nicht auch noch vorgeführt werden. Entweder Sie glauben es oder Sie überprüfen es!

7.2 Zuweisungen

Bleiben wir bei der Mathematik und widmen wir uns nun dem Zuweisungsoperator. Sie haben richtig gelesen: Das Zuweisungszeichen "=" ist tatsächlich ein Operator! Das bedeutet, daß auch eine Zuweisung eine Operation ist und der Zuweisungsprozeß einen Wert liefert! Beginnen wir mit einem kleinen Programm, das nur zuweist:

```
main ()   /* Zuweisung */

{
   int  a,b,c;
   char x,y,z;

   a = x = b = y = c = z = 34;
}
```

Na, das geht wohl doch etwas zu weit - meinen Sie? Wenn Sie sehen wollen, wie weit das geht, so ergänzen Sie das Programm um die SCHREIB-Anweisung:

```
printf ("a=%d b=d% c=%d x=%c y=%c z=%c", a, b, c, x, y, z);
```

Und dann lassen Sie es laufen! Und? Natürlich geht das - in C! Außer Mehrfachzuweisungen hat C aber noch mehr zu bieten. Sehen Sie selbst:

```
main ()   /* nochmal Mathe */

{
  int Zahl;
  int Ergebnis;

  printf ("Geben Sie eine Zahl ein:\n\n");
  scanf  ("%d", &Zahl);
```

Operation und Kontrolle 117

```
    Ergebnis = Zahl;
    printf ("Diese Zahl ist die Startzahl!\n\n");

    Ergebnis = Ergebnis + Zahl;
    printf ("\nZwischenzahl: %d", Ergebnis);
    Ergebnis = Ergebnis - Zahl;
    printf ("\nZwischenzahl: %d", Ergebnis);
    Ergebnis = Ergebnis * Zahl;
    printf ("\nZwischenzahl: %d", Ergebnis);
    Ergebnis = Ergebnis / Zahl;
    printf ("\nZwischenzahl: %d", Ergebnis);
    Ergebnis = Ergebnis % Zahl;
    printf ("\n\nEndzahl     : %d", Ergebnis);
}
```

Zunächst nichts wesentlich Neues: Die Variable "Zahl" spielt hier die Rolle einer Konstanten – ihr Wert bleibt das Programm über festgelegt. Also ist eigentlich nur noch eine einzige Variable im Spiel, nämlich "Ergebnis". Schauen Sie jetzt zu, was C daraus macht:

```
    main ()    /* Mathe in C */

    {
      int   Zahl;
      int   Ergebnis;

      printf ("Geben Sie eine Zahl ein:\n\n");
      scanf  ("%d", &Zahl);

      Ergebnis = Zahl;
      printf ("Diese Zahl ist die Startzahl!\n\n");

      Ergebnis += Zahl;
      printf ("\nZwischenzahl: %d", Ergebnis);
      Ergebnis -= Zahl;
      printf ("\nZwischenzahl: %d", Ergebnis);
      Ergebnis *= Zahl;
      printf ("\nZwischenzahl: %d", Ergebnis);
      Ergebnis /= Zahl;
      printf ("\nZwischenzahl: %d", Ergebnis);
      Ergebnis %= Zahl;
      printf ("\n\nEndzahl     : %d", Ergebnis);
    }
```

Und nun prüfen Sie nach, ob dieses Programm genau dasselbe wie das zuvor aufgeführte leistet! Nachdem Sie die Bestätigung gefunden haben, sollten Sie wissen, daß diese Schreibweise nicht nur Ihnen, sondern auch dem Compiler die Arbeit erleichtern soll: Als Umsteiger von BASIC oder Pascal pflichten Sie mir bei, daß Zuweisungen der Form:

```
a = a + b
```

bzw.

```
a := a + b
```

an denen die gleiche Variable auf beiden Seiten beteiligt ist, recht häufig vorkommen. Die Schreibweise

```
a += b
```

vereinfacht Ihnen das Programmieren - meine ich. Auch für den Compiler ist diese Schreibweise ein Vorteil - bei der Übersetzung: In der Form "a = a + b" erkennt er nicht, daß die Variable "a" links und rechts des Zuweisungsoperators die gleiche Variable ist. Wüßte er dies, so könnte er die Anweisung wirkungsvoller übersetzen. Mit der in C möglichen Schreibweise "a += b" dagegen wird der Compiler eindeutig darauf hingewiesen, daß hier die gleiche Variable ergänzt werden soll. Und der Maschinencode wird effizienter.

7.3 Inkrement und Dekrement

C ist mit seiner Mathematik noch lange nicht am Ende. Bleiben wir noch beim "Mathe"-Programm. Dieses Mal genügt ein kürzeres Beispiel:

```
main ()   /* Rauf und Runter */
{
  int Zahl;

  printf ("Geben Sie eine Zahl ein:\n\n");
  scanf  ("%d", &Zahl);
```

Operation und Kontrolle

```
    printf ("Diese Zahl ist die Startzahl!\n\n");

    Zahl = Zahl + 1;
    printf ("\nErhöhen      um 1: %d", Zahl);
    Zahl = Zahl - 1;
    printf ("\nErniedrigen um 1: %d", Zahl);
    Zahl += 1;
    printf ("\nErhöhen      um 1: %d", Zahl);
    Zahl -= 1;
    printf ("\nErniedrigen um 1: %d", Zahl);
}
```

Das zählende Verändern einer Variablen nennt man "In-" (+) oder "Dekrementieren" (-). Sehen Sie, wie C das macht:

```
main ()   /* Inkrement und Dekrement */

{
    int  Zahl;

    printf ("Geben Sie eine Zahl ein:\n\n");
    scanf  ("%d", &Zahl);

    printf ("Diese Zahl ist die Startzahl!\n\n");

    ++Zahl;
    printf ("\nErhöhen      um 1: %d", Zahl);
    --Zahl;
    printf ("\nErniedrigen um 1: %d", Zahl);
    Zahl++;
    printf ("\nErhöhen      um 1: %d", Zahl);
    Zahl--;
    printf ("\nErniedrigen um 1: %d", Zahl);
}
```

Diese Schreibweise ist dem Prozessor (nicht nur dem 8088/86/186/286 des PC/AT) wie auf den Leib geschrieben, da der Compiler die Anweisung direkt in einen Maschinenbefehl umsetzen kann.

Allzu schlau wird man aber nicht aus dem letzten Programm - auch wenn man es mehrmals laufen läßt: Die letzten beiden Zuweisungen scheinen nichts anderes zu bewirken als die beiden ersten. Da steht aber das "Doppelplus" bzw. "Doppelminus" einmal vor der Variablen "Zahl", das andere Mal dahinter. Und das hat ja wohl auch etwas zu bedeuten; oder sollte damit demonstriert werden, daß diese Schreibweise beliebig ist? Modifizieren wir das Programm ein wenig, machen wir die Vorgänge etwas durchsichtiger:

```
main ()   /* printf ++ -- */

{
  int  Zahl;

  printf ("Geben Sie eine Zahl ein:\n\n");
  scanf  ("%d", &Zahl);

  printf ("Diese Zahl ist die Startzahl!\n\n");

  printf ("\nErhöhen     um 1: %d", ++Zahl);
  printf ("\nErniedrigen um 1: %d", --Zahl);
  printf ("\nErhöhen     um 1: %d", Zahl++);
  printf ("\nErniedrigen um 1: %d", Zahl--);
}
```

Und vollziehen wir das einmal am Beispiel der eingegebenen Zahl 0 nach:

	Vorher	Änderung	Ausgabe	Änderung
++Zahl	0	+1	1	keine
--Zahl	1	-1	0	keine
Zahl++	0	keine	0	+1
Zahl--	1	keine	1	-1

Der (unsichtbare) Endwert beträgt 0.

Wir können sagen:

++Zahl	erst wird um 1 erhöht,	dann ausgegeben;
--Zahl	erst wird um 1 gesenkt,	dann ausgegeben;
Zahl++	erst wird ausgegeben,	dann um 1 heraufgesetzt;
Zahl--	erst wird ausgegeben,	dann um 1 herabgesetzt.

Operation und Kontrolle 121

Der C-Profi spricht im ersten Falle von "Präfix"-, im anderen von "Postfix"-Schreibweise. Wenn Ihnen das alles noch zu unklar ist, sollten Sie die obige Reihenfolge beliebig vertauschen und beobachten, wie sich die Werte verändern.

7.4 Vergleichen Sie!

Kommen wir zu den Vergleichsoperatoren. Auch für diejenigen mit einschlägiger BASIC- oder Pascal-Erfahrung gibt es keinen Grund, nun erleichtert aufzuatmen. Denn wie Sie bereits in Kapitel 4 gesehen haben, sieht es auch da gar nicht allzu vertraut aus. Lediglich bei Vergleichen mit

>   <   <=   >=   >

müssen Umsteiger nicht umdenken. Aber schon Vergleiche mit

>   =   und   <>

in BASIC und Pascal werden in C zu

>   ==   und   !=

Trotzdem möchte ich an dieser Stelle noch etwas wiederholen: Das Ihnen in BASIC und Pascal vertraute

>   AND   bzw.   OR

muß nunmehr in C dem Operator

>   &&   bzw. ||

weichen. Neu dürfte Ihnen sein, welches Aussehen das

>   NOT

aus BASIC und Pascal in C hat: Dort heißt es nämlich kurz und bündig:

>   !

Da in C (fast) immer noch etwas kommt, soll es nicht unerwähnt bleiben, daß dort auch die Operatoren

& und | sowie ^

zur Verfügung stehen. Die sind aber wirklich nur für jemanden geeignet, der sich unter "Bitmanipulation" etwas vorstellen kann! Denn diese Operatoren bedeuten

UND   ODER   ENTWEDER-ODER

auf jedes Bit einer ganzen Zahl (= 2 Byte) angewandt. Wenn Sie jetzt überhaupt nicht verstanden haben, worum es eigentlich geht, dann trösten Sie sich bitte mit dieser Funktion:

```
extern Zahl1, Zahl2;

swap ()

{
  Zahl1 = Zahl1 ^ Zahl2;
  Zahl2 = Zahl1 ^ Zahl2;
  Zahl1 = Zahl1 ^ Zahl2;
}
```

Ersetzen Sie im "tausch"-Programm des letzten Kapitels "tausche ()" durch "swap ()". Und Sie werden sehen, daß es durch diesen "Trick" auch ohne Hilfsvariable geht:

```
int Zahl1, Zahl2;

main ()

{
  printf ("1. Zahl: "); scanf ("%d", &Zahl1);
  printf ("2. Zahl: "); scanf ("%d", &Zahl2);
  printf ("Vor  dem Tausch: %8d und %8d\n", Zahl1, Zahl2);
  swap ();
  printf ("Nach dem Tausch: %8d und %8d\n", Zahl1, Zahl2);
  swap ();
  printf ("Und zurück     : %8d und %8d", Zahl1, Zahl2);
}
```

Um zu ergründen, wie dieser Tausch vonstatten geht, können Sie in die "swap"-Funktion entsprechende "printf"-Anweisungen einbauen.

7.5 Wahr oder falsch

Kehren wir zurück auf die höhere Ebene der Zeichen und Zahlen! Erinnern Sie sich noch an das Kehrwertprogramm? Ich will es hier besser noch einmal auflisten:

```
main ()

{
  float Zahl;
  float Kehrwert;

  printf ("Gib eine Zahl ein:\n");
  scanf ("%f", &Zahl);
  if (Zahl == 0)
    printf ("Null hat keinen Kehrwert!");
  else
  {
    Kehrwert = 1 / Zahl;
    printf ("Der Kehrwert von %5.2f", Zahl);
    printf (" ist %5.2f", Kehrwert);
  }
}
```

Für uns ist jetzt nur die Kontrollanweisung

```
if (Zahl == 0)
  :
else
  :
```

von Bedeutung. Nehmen Sie einmal folgende Variante unter die Lupe:

```
main ()

{
  float Zahl;
  float Kehrwert;

  printf ("Gib eine Zahl ein:\n");
  scanf ("%f", &Zahl);
  if (Zahl != 0)
  {
```

```
      Kehrwert = 1 / Zahl;
      printf ("Der Kehrwert von %5.2f", Zahl);
      printf (" ist %5.2f", Kehrwert);
   }
   else
      printf ("Null hat keinen Kehrwert!");
}
```

Was halten Sie davon: Bewirkt das Programm (immer noch) dasselbe? Bei den Vergleichsoperatoren

!=	und	==
<	und	>=
>	und	<=

ist der eine jeweils das Gegenteil des anderen Operators. Wird die Bedingung (hier: für "if") in ihr Gegenteil verkehrt, so müssen auch "if"- und "else"-Teil vertauscht werden, damit sich das Gesamtprogramm in seiner Wirkung nicht verändert.

Es gibt noch einen weitere Möglichkeit, die die ursprüngliche Reihenfolge wieder herstellt:

```
main ()

{
   float Zahl;
   float Kehrwert;

   printf ("Gib eine Zahl ein:\n");
   scanf ("%f", &Zahl);
   if (!Zahl)
      printf ("Null hat keinen Kehrwert!");
   else
   {
      Kehrwert = 1 / Zahl;
      printf ("Der Kehrwert von %5.2f", Zahl);
      printf (" ist %5.2f", Kehrwert);
   }
}
```

In BASIC würde diese Bedingung mit "IF NOT Zahl" übersetzt. In Pascal wäre das grundsätzlich auch möglich, nur müßte die Variable "Zahl" dann anders vereinbart werden, nämlich als Datentyp "BOOLEAN": Dieser Typ läßt nur die Wahrheitswerte "TRUE" oder "FALSE" zu. Man kann ihn deshalb auch als "Aussage"-Typ bezeichnen. In C (und übrigens auch in BASIC) gibt es einen solchen Typ nicht; er läßt sich simulieren:

Wenn in C eine Variable den Wert 0 erhält, so entspricht das einer nicht erfüllten Bedingung bzw. einer falschen Aussage ("FALSE"). Hat diese Variable dagegen einen Wert ungleich 0, so entspricht das einer erfüllten Bedingung bzw. einer wahren Aussage ("TRUE"). Wenden wir das nun auf das obige Beispiel an! Ursprünglich hieß die Bedingung

```
if (Zahl == 0)
```

Die nachfolgende Anweisung:

```
printf ("Null hat keinen Kehrwert!");
```

soll dann ausgeführt werden, wenn diese Bedingung erfüllt, die Aussage "Zahl == 0" also wahr ist. Würden wir nun diese Bedingung nur auf "if (Zahl)" verkürzen, so wäre die Aussage falsch, wenn Zahl den Wert 0 hat, und wahr, wenn Zahl einen Wert ungleich 0 hat. Es sollte aber genau umgekehrt sein! Der vorgesetzte Operator "!" bringt das Ganze wieder ins Lot, denn "!Zahl" ist das Gegenteil von "Zahl".

7.6 Entscheidung

Kommen wir nun zu einem anderen Beispiel:

```
main ()

{
  char Antwort[10];

  printf ("Soll ich dir was sagen?\n");
  scanf ("%s", Antwort);

  if (Antwort[0] == 'j' || Antwort[0] == 'J')
    printf (GEHEIMNIS);
```

```
     else
       printf (NICHTS);
   }
```

Natürlich ist das Beispiel in dieser Form kein lauffähiges Programm! Sie sollten also - nach eigenem Gutdünken - für die Wörter "GEHEIMNIS" und "NICHTS" zwei "#define"-Vereinbarungen treffen. Womit Ihr Programm dann die folgende Form erhält:

```
#define GEHEIMNIS /* Ihr Text */
#define NICHTS    /* Ihr Text */

main ()

{
   char Antwort[10];

   printf ("Soll ich dir was sagen?\n");
   scanf ("%s", &Antwort);

   if (Antwort[0] == 'j' || Antwort[0] == 'J')
      printf (GEHEIMNIS);
   else
      printf (NICHTS);
}
```

Ebenso wie Sie nun Text mit der "#define"-Anweisung durch Begriffe ersetzen können, funktioniert das bei Bedingungen:

```
#define  GEHEIMNIS   /* Ihr Text */
#define  NICHTS      /* Ihr Text */
#define  j           Antwort[0] == 'j'
#define  J           Antwort[0] == 'J'
#define  JA          j || J

main ()

{
   char Antwort[10];

   printf ("Soll ich dir was sagen?\n");
   scanf  ("%s", Antwort);
```

```
    if (JA)
      printf (GEHEIMNIS);
    else
      printf (NICHTS);
}
```

Auf gleiche Weise können Sie auch Textteile und Bedingungen in vergangenen Programmbeispielen ändern - wenn es der Übersichtlichkeit des Programms dient!

Aber eigentlich wollte ich Ihnen etwas ganz anderes zeigen; das obige Programmbeispiel sollte dazu nur ein Vehikel sein: In C gibt es nämlich noch einen interessanten Operator - und es ist nicht einmal der letzte! Dieser Operator ist im Vergleich zu Operatoren anderer Programmiersprachen etwas Besonderes: Üblicherweise sind Operatoren nämlich entweder einstellig, z.B.:

   das Vorzeichen -
   die Verneinung !
   das Inkrement ++
   das Dekrement --

eines Wertes. Oder Operatoren sind zweistellig, z.B.:

   zum Rechnen + - * / %
   zum Vergleichen == != < > <= >=
   zum Verknüpfen && ||

zweier Werte. Aber in C gibt es auch einen dreistelligen Operator! Wenn Sie ihn sehen wollen, dann richten Sie Ihr Augenmerk auf dieses Programm:

```
#define   GEHEIMNIS    /* Ihr Text */
#define   NICHTS       /* Ihr Text */
#define   j            Antwort[0] == 'j'
#define   J            Antwort[0] == 'J'
#define   JA           j || J

main ()

{
  char Antwort[10];
```

```
        printf ("Soll ich dir was sagen?\n");
        scanf  ("%s", Antwort);

        JA ? printf (GEHEIMNIS) : printf (NICHTS);
}
```

Haben Sie ihn entdeckt? Es sind tatsächlich nur die beiden Zeichen "?" und ":"! Reizt es Sie jetzt, das auch an anderen Beispielen einmal auszuprobieren? Dann probieren Sie!

7.7 Zusammenfassung

Ein Überblick über sämtliche Operatoren, die Sie bisher kennengelernt haben, ist jetzt wohl angebracht. Zuvor ist aber noch eine Anmerkung nötig: Sie kennen vielleicht noch aus Ihrem Mathematik-Unterricht die Regel "Punkt vor Strich". Diese besagt, daß die Multiplikation (*) und die Division (/) Vorrang haben vor der Addition (+) und der Subtraktion (-). Entsprechende Vorrang-Regeln gibt es auch für die Operatoren einer Programmiersprache (also auch z.B. für BASIC und Pascal).

In der folgenden Tabelle sind also die bisher behandelten (Turbo)-C-Operatoren in ihrer Rangfolge aufgeführt. Damit Sie auch klar erkennen können, welche Operatoren der gleichen Rangstufe angehören, ist jede Stufe von der nächsten getrennt:

( ) [ ]		Klammerung von Argumenten/Längen
!		Negation eines Wertes
++ --		In-/Dekrement eines Wertes (um 1)
&		Zeiger auf eine Variable

`*`	`/`	`%`	Multiplikation/Division/Divisionsrest
`+`	`-`		Addition/Subtraktion
`<`	`>`		Vergleich, ob kleiner/größer
`<=`	`>=`		kleiner oder gleich/größer oder gleich
`==`	`!=`		Vergleich, ob gleich/ungleich
`&&`			UND-Verknüpfung
`||`			ODER-Verknüpfung
`? :`			WENN-SONST-Entscheidung
`=`			Zuweisung
`+=`	`-=`		gleichzeitige Addition/Subtraktion
`*=`	`/=`		gleichzeitige Multiplikation/Division
`%=`			gleichzeitige Divisionsrestbildung

Außerdem ist Ihnen bekannt, daß

        bei   der Wert einer Variablen

        ++ \<Variable\>   vor einer Weiterverwendung inkrementiert wird,

        -- \<Variable\>   vor einer Weiterverwendung dekrementiert wird,

        \<Variable\> ++   nach der Inkrementierung weiterverwendbar ist,

        \<Variable\> ++   nach der Dekrementierung weiterverwendbar ist.

Sie wissen auch, daß für den Wert einer Variablen gilt:

        Wert == 0   Aussage gilt als falsch,

        Wert != 0   Aussage gilt als wahr.

Und Sie haben von den BIT-Operatoren

        &   UND   (AND)
        | ODER   (OR)
        ^   ENTWEDER-ODER (XOR)

gehört. Schließlich vergessen Sie nicht, daß eine Eingabe mit "scanf" Zeiger-Variablen erwartet ("&").

Zu guter Letzt möchte ich Sie noch einmal an zwei neue Editorfunktionen erinnern:

        \<CTRL\>-K-C   zum Kopieren eines Blockes

und

        \<CTRL\>-K-V   zum Versetzen eines Blockes

8. Wiederholung durch Schleifen

Sie kennen das: Sie wollen jemandem etwas sagen, aber der/die hört gar nicht hin. Sie wollen es ihm/ihr aber unbedingt sagen, also wiederholen Sie Ihren Satz noch einmal. Wenn der wieder überhört wird, Sie aber nicht im Entferntesten ans Aufhören denken, befinden Sie sich in einer Endlos-Schleife! Das kommt im Alltag nicht allzu oft vor, umso häufiger jedoch beim Programmieren. In den meisten Fällen liegt unüberlegtes Handeln zu Grunde.

8.1   ...solange nicht o.k.

Wiederholungen müssen nun aber sein - jedenfalls bei Programmen: Und damit sie nicht zu endlosen Schleifen werden, müssen sie besonders gut geplant sein! Nehmen wir das Beispiel einer Eingabe, bei der bestimmte Werte abgewiesen werden sollen:

```
:
printf ("Geht es dir gut (j/n)? ");
scanf  ("%s", Antwort);
:
```

Der Benutzer soll hier nur mit den Buchstaben "n" oder "j" - bzw. "N" oder "J" - antworten können. Sonst wird die Frage und die Möglichkeit einer Anwort wiederholt. Wie erreichen wir solch eine Wiederholung? Springen wir doch einfach! Zum Beispiel so:

```
Marke:
   printf ("Geht es dir gut (j/n)? ");
   scanf  ("%s", Antwort);
   goto Marke;
```

Sehen Sie: Schon wären wir in einer Endlos-Schleife! Wenn Sie von Pascal kommen, sind Ihnen Schleifen ohnehin so vertraut, daß Sie auf Sprünge verzichten könnten. Als Umsteiger von

BASIC haben Sie es bisher wohl mehr mit den Sprüngen gehalten (und würden deshalb auch besser springen als ich da oben).

Bei genauerer Durchsicht des Turbo-C-Grundwortschatzes ist Ihnen sicher auch das Wörtchen "goto" nicht entgangen: Auch in C könnte also gesprungen werden. Was aber auch jeder Pascal-Könner dem BASIC-Kenner bestätigen kann: Sprünge sind (hier) nicht nötig! So soll denn auch gelten: Hier wird nicht herumgesprungen! Wir finden auch eine elegantere Lösung!

Zunächst einmal müssen wir die Bedingungen genau formulieren. Nur diese vier Eingabemöglichkeiten sollen zugelassen sein:

```
Antwort[0] == 'j'
Antwort[0] == 'n'
Antwort[0] == 'J'
Antwort[0] == 'N'
```

Wenn also eine dieser vier Bedingungen gilt, ist die Eingabe korrekt und muß nicht wiederholt werden! Weil die Gesamt-Bedingung nun recht unübersichtliche Ausmaße annehmen würde, legen wir gleich einige "#define"-Vereinbarungen fest:

```
#define  jj  (Antwort[0] == 'j')
#define  nn  (Antwort[0] == 'n')
#define  JJ  (Antwort[0] == 'J')
#define  NN  (Antwort[0] == 'N')
#define  OK  (jj ¦¦ nn ¦¦ JJ ¦¦ NN)
```

Sie können diesen "#define"-Block separat (z.B. als "antwort.h") auf Diskette sichern und ihn somit auch in andere Programme einbinden, in denen eine solche Abfrage vorkommt. (Wie Sie sich wohl erinnern, benötigen Sie dazu die Tastenfolgen <CTRL>-K-B und <CTRL>-K-K zum Markieren von Anfang und Ende sowie <CTRL>-K-W zum Schreiben auf Diskette.)

Wenn eine der vier Bedingungen ("jj" oder "nn" oder "JJ" oder "NN") gilt, ist "OK" ebenfalls erfüllt (deshalb: "¦¦"). Gebe ich also zum Beispiel eine Antwort mit dem Anfangsbuchstaben "j", so ist die Aussage "jj" (Antwort[0] == 'j') wahr. Und damit ist auch "OK" erfüllt, die Schleife würde nicht mehr durchlaufen.

Wiederholung durch Schleifen 133

Das war auch unserer Absicht: Es liegt kein Grund für eine Wiederholung mehr vor, denn eine der möglichen richtigen Antworten (Antwort[0] == 'j') wurde gegeben.

Aber Moment! Wie lautet dann unsere Ausgangsbedingung für die Schleife? Die Schleife soll durchlaufen werden, solange die Eingabe nicht OK ist! Und so bekommt unsere Schleife das folgende Aussehen:

```
do
{
  printf ("Geht es dir gut (j/n)? ");
  scanf ("%s", Antwort);
}
while (!OK);
```

8.2 "do..while" oder nur "while"

Nun gilt:

```
OK == 0
```

bzw.

```
!OK != 0
```

das heißt, die Bedingung zum Durchlaufen der Schleife ist erfüllt. (Wenn Sie das nicht nachvollziehen können, so schlagen Sie nochmal im letzten Kapitel nach!) Damit wird die Schleife durchlaufen, solange "!OK" gültig (also != 0) ist! Eine Schleife muß übrigens nicht unbedingt am Ende getestet werden - auch ein Bedingungstest am Schleifen-Anfang ist möglich:

```
while (!OK)
{
  printf ("Geht es dir gut (j/n)? ");
  scanf ("%s", Antwort);
}
```

Sie haben aber recht, wenn Sie meinen, daß die erste Lösung hier angebrachter sei: Sie ist Ihnen ja auch bereits aus dem 4.

Kapitel bekannt. Die soeben neu kennengelernte Wiederholungsanweisung dagegen ähnelt sehr der entsprechenden Version in Pascal. Und auch in einigen umfangreicheren BASIC-Versionen gibt es bereits eine "WHILE"-Schleife - z.B. im BASIC zu Ihrem PC.

Eine Verwendung des Schleifentyps mit Bedingungstest am Anfang hat aber durchaus seine Tücken: Aus dem 5. Kapitel nämlich wissen Sie nicht nur, daß Variablen - wie z.B. "Antwort" - vereinbart werden müssen. Sondern Sie wissen auch, daß eine Variable einen (sinnvollen) Wert haben muß, ehe sie weitere Verwendung finden kann. "OK" muß natürlich am Schleifen-Ausgang einen Wert haben, der wenigstens einen Durchlauf ermöglicht. Dazu genügt es, der Variablen "Antwort" ein entsprechendes Anfangszeichen zuzuweisen, womit der Schleifenteil dann so aussieht:

```
Antwort[0] = '?';

while (!OK)
{
  printf ("Geht es dir gut (j/n)? ");
  scanf  ("%s", Antwort);
}
```

Ehe Sie jetzt (falls Sie Pascal nicht kennen) kopfschüttelnd fragen, wozu denn dieser Schleifentyp gut sei, wo es doch einen bequemeren gibt, sollten wir erst einmal den Aufbau beider Schleifen genauer betrachten:

Test am Anfang　　　　　**Test am Ende**

```
:                           do
while (!OK)                 {
{                             :
  :                         }
}                           while (!OK);
```

Wiederholung durch Schleifen 135

Beachten Sie bitte das Semikolon am Schluß der "do..while"-Anweisung! Ob die Überprüfung einer Bedingung am Schleifen-Eingang oder -Ausgang erfolgt, ist nicht gleichgültig:

Eine Schleife mit "do .. while (..);" wird in jedem Falle mindestens einmal durchlaufen, da der Test von Bedingungen erst am Schleifen-Ausgang vorgenommen wird. Eine vorhergehende Zuweisung oder Eingabe von Werten für die Variablen, die an der Bedingung beteiligt sind, erübrigt sich also im allgemeinen. Dieser Schleifentyp ist geeignet für die Prüfung von Bedingungen, die innerhalb der Schleife eintreten (oder sich verändern).

Bei einer Schleife mit "while (..) .." werden Werte am Schleifen-Eingang geprüft, also ehe sie in die Schleife übernommen werden. Daher muß vor der Schleife jede an der Bedingung beteiligte Variable einen Wert haben! Unter bestimmten Bedingungen erfolgt gar kein Schleifendurchlauf. Angebracht ist dieser Schleifentyp, um während des Programmlaufes (durch Eingabe oder Zuweisung) auftretende Werte abzufangen, die zu Fehlern oder zum Abbruch des Programms führen können.

8.3 Anfang oder Ende?

Sie erinnern sich noch an das allerletzte Beispiel "Hallo" aus dem "Turbo-C-Minimum"? Einen Ausschnitt davon haben wir ja oben schon wiederverwendet. Sie sollten jetzt zur Übung das gesamte Programm so umarbeiten, daß in den vorkommenden Schleifen der Bedingungstest am Anfang stattfindet. Blättern Sie also zuerst zurück, und setzen Sie auch Ihr inzwischen neu hinzugewonnenes Wissen ein - dann können Sie vergleichen:

```
#define  jj     (Antwort[0] == 'j')
#define  nn     (Antwort[0] == 'n')
#define  JJ     (Antwort[0] == 'J')
#define  NN     (Antwort[0] == 'N')
#define  OK     (jj || nn || JJ || NN)

#define  Ewig   111
#define  Antik  88.8
```

```c
main ()   /* Halloo */

{
   char   Name[11], Antwort[11];
   int    Alter, Viele;
   float  Prozent;

   printf ("Halloo, wie heißt du? ");
   scanf  ("%10s", Name);

   Antwort[0] = 'j';
   while (!OK)
   {
     printf ("%s, geht es dir gut (j/n)? ", Name);
     scanf  ("%10s", Antwort);
   }
       if (jj || JJ)
     printf ("Das freut mich!\n\n");
   else
     printf ("Hoffentlich bessert es sich!\n\n");

   Alter = 100;
   while (Alter < 0 || Alter > 99)
   {
     printf ("Wie alt bist du eigentlich? ");
     scanf  ("%d", &Alter);
   }

   if (Alter > 2)
     printf ("Also schon lauffähig...");
   if (Alter > 20)
     printf (" ja, bereits erwachsen!");

   Prozent = Alter * 100 / Antik;
   printf ("\nUnd erst %3.1f Prozent", Prozent);
   printf (" des Lebens hinter dir!\n");

   Viele   = Ewig - Alter;
   printf ("\nMögest du noch %d", Viele);
   printf (" Jahre leben, %s!", Name);
}
```

Möglicherweise verstehen Sie inzwischen auch etwas mehr von dem, was Ihnen zuvor noch unklar war? Vielleicht mag es im Programm "Halloo" so aussehen, aber man kann nicht sagen, daß

Wiederholung durch Schleifen

die Schleifen "while" und "do..while" beide dasselbe leisten! Machen Sie sich das bitte selbst auch noch einmal an folgendem Beispiel klar:

```c
#define JA      (Antwort[0] == 'j')
#define OK      (Betrag <= Guthaben)
#define LEER    (Guthaben <= 0)
#define KONTO   "Ihr aktueller Kontostand"
#define BAR     "etwas abheben (j/n)?\n"

main ()   /* Konto */

{
  float   Betrag;
  float   Guthaben;
  char    Antwort[11];

  printf ("%s?\n", KONTO);
  scanf  ("%f", &Guthaben);
  printf ("Wollen Sie %s", BAR);
  scanf  ("%s", Antwort);

  while (JA && !LEER)
  {
    do
    {
      printf ("Wieviel wollen Sie abheben: ");
      scanf  ("%f", &Betrag);
      if (!OK)
        printf ("Damit würden Sie Ihr Konto überziehen!\n");
    }
    while (!OK);

    Guthaben -= Betrag;
    printf ("Das ist %s : %7.2f\n", KONTO, Guthaben);
    printf ("Wollen Sie noch %s", BAR);
    scanf  ("%s", Antwort);
  }

}
```

Wir haben es hier mit einer sogenannten Verschachtelung zu tun. Bei der äußeren Schleife findet ein Eingangstest statt: Wenn Ihr Konto leer oder gar überzogen sein sollte, wird die ganze

Schleife erst gar nicht durchlaufen - Sie können also nichts abheben. Gleiches gilt, falls Sie nichts abheben wollen.

Bei der inneren Schleife findet ein Ausgangstest statt: Wenn Sie mehr abheben wollen als Sie auf dem Konto haben, werden Sie um eine Eingabe-Korrektur gebeten - Sie können Ihr Konto also nicht überziehen. Sind Sie bis zur inneren Schleife vorgedrungen, wird diese jetzt mindestens einmal durchlaufen: Ihr Konto ist ja (noch) nicht leer, und Sie haben bekundet, daß Sie etwas abheben wollen.

Daß das Programm noch in mancher Hinsicht unvollkommen ist, bemerken Sie schon nach einigen Testläufen. Verbessern Sie es zur Übung doch einmal selbst!

8.4 Zählen will gelernt sein

Sie haben im "Turbo-C-Minimum" (4. Kapitel) ein Programm mit einer weiteren Schleife kennengelernt, die ich hier wieder aufgreifen möchte:

```
main ()

{
  int z;

  for (z = 65; z < 91; z++)
    printf ("%c\n", z);
}
```

Diese Schleife habe ich unvorsichtigerweise als Zählschleife bezeichnet. Wieso, fragen Sie angesichts des "Zeichensatz"-Beispiels, da wird doch eindeutig gezählt! Und vergleichen Sie die "for"-Anweisung in C mit der in BASIC oder Pascal, so gibt es scheinbar nur äußerliche Unterschiede. Aber schauen wir genauer hin:

Wiederholung durch Schleifen

Eine "FOR"-Schleife in Pascal erhält einen Start- und einen Zielwert. Die Schrittweite ist immer 1! Sie haben jedoch die Wahl, ob auf- oder abwärts gezählt werden soll. In BASIC ist diese Schleife komfortabler, denn Sie können die Schrittweite variieren. Auch Veränderungen der Zählvariablen innerhalb der Schleife sind unbedenklich.

Und nun zu C:

Auch hier erhält die "for"-Anweisung einen Startwert (z = 65).
Auch hier ist die Schrittweite variabel (z++ bzw. z = z+1).
Auch hier gibt es einen Grenzwert (z < 91).

Sie kennen aber C schon gut genug, um zu wissen, daß Sie hier lieber noch einmal hinschauen sollten:

Das erste ist

> eine *Zuweisung* (Setzen des Startwertes);

dann kommt

> ein *Vergleich* (ob Zielwert erreicht);

schließlich wieder

> eine *Zuweisung* (Erhöhung des Zählwertes).

In allen drei Fällen handelt es sich um Operationen! (Auch "=" ist in C ja ein Operator!) Kann man aber soweit gehen zu sagen: In allen drei Fällen handelt es sich um (beliebige) Anweisungen? Überprüfen wir, wie weit wir da kommen! Entkleiden wir sie zuerst einmal, und betrachten wir dann die nackte "for"-Schleife etwas genauer:

```
for ( ; ; )
   ;
```

Sie sehen nur Klammern und Strichpunkte? Das ist aber schon eine korrekte "for"-Schleife, sozusagen die Minimalversion. Startanweisung, Kontrollbedingung und Schrittanweisung sind jeweils leer, trotzdem wäre ein Programm mit einer solchen "for"-Anweisung lauffähig. Von dem Versuch, das nachzuprüfen, rate ich Ihnen dennoch ab; es gibt nämlich aus dieser Endlos-Schleife kein Entrinnen!

Warum? Schauen wir einmal in die "Mitte", dorthin, wo eigentlich die Kontrollbedingung zu stehen hätte: Wenn diese fehlt, so ist das gleichbedeutend mit einer immer erfüllten Bedingung! Und weiter: Einem Schleifenkopf muß immer (mindestens) eine Anweisung folgen! Das Semikolon an dieser Stelle entspricht einer Leeranweisung. Es darf also nicht weggelassen werden! Die Schleife tut also nichts - und das immerzu.

Sollten Sie der Versuchung dennoch nicht widerstehen können, diese Schleife doch einmal auszuprobieren, so bietet Ihnen Turbo C die folgende Absicherung. Mit:

        `<O>`   bzw.   "Options"

und

        `<E>`   bzw.   "Environment"

öffnen Sie ein Fenster, das Ihnen wahrscheinlich noch von der Einstellung für die "Include"-, "Output"- und "Library"-Dateien bekannt ist. Uns interessiert hier nur die Zeile:

        "Auto save edit   Off",

die Sie durch Tastendruck (`<A>`) nun in:

        "Auto save edit   On"

verwandeln sollten. Damit wird jedes gerade im Editor befindliche C-Programm vor dem Programmlauf automatisch auf Diskette gesichert und ist nicht verloren, wenn Ihr PC einmal "hängenbleibt". Auch diese Einstellung können Sie über den "Options"-Menüpunkt

        `<S>`   bzw.   "Store options"

für den nächsten Start von Turbo C dauerhaft auf Diskette sichern. Und jetzt probieren Sie, was Sie nicht lassen können...

8.5 "for" oder "while"?

Ihnen wäre es jetzt lieber, wenn wir der "for"-Schleife wieder etwas anziehen? Nun gut, sehen Sie sich das an:

```
#define  jj  (Antwort[0] == 'j')
#define  nn  (Antwort[0] == 'n')
#define  JJ  (Antwort[0] == 'J')
#define  NN  (Antwort[0] == 'N')
#define  OK  (jj || nn || JJ || NN)


main ()

{
  char Antwort[11];

  Antwort[0] = '?';
  for ( ; !OK; )
  {
    printf ("Geht es dir gut (j/n)? ");
    scanf ("%s", Antwort);
  }
  if (jj || JJ)
    printf ("Das freut mich!");
  else
    printf ("Naja...");
}
```

Das kommt Ihnen bekannt vor? Ob das aber gut geht, wenn eine "for"-Anweisung das "while" ersetzt? Testen Sie es! Und dann füllen wir gleich noch eine weitere Lücke im Kopf der "for"-Anweisung:

```
:
main ()

{
  char Antwort[11];

  for (Antwort[0] = '?'; !OK; )
  {
    printf ("Geht es dir gut (j/n)? ");
    scanf ("%s", Antwort);
```

```
    }
    if (jj || JJ)
      printf ("Das freut mich!");
    else
      printf ("Naja...");
}
```

Wie auch Sie festgestellt haben, laufen beide Programm-Varianten! Sie sollten also künftig die "for"-Anweisung als mögliche Alternative zur "while"-Anweisung im Auge behalten.

An dieser Stelle ist es angebracht, auf einige mögliche Fehlerquellen hinzuweisen: Sie sollten sich darüber im klaren sein, daß ein falsches Setzen der Strichpunkte unter Umständen verheerende Folgen haben kann!

Zum Beispiel:

```
:
for (; ; !OK)
{
  printf ("Geht es dir gut (j/n)? ");
  scanf ("%s", Antwort);
}
:
```

oder:

```
:
for (!OK; ; )
{
  printf ("Geht es dir gut (j/n)? ");
  scanf ("%s", Antwort);
}
:
```

Schauen Sie jeweils auf die "Mitte": Die Bedingung zur Wiederholung der Schleife ist also immer erfüllt! Eine weitere Möglichkeit, einen Fehler in eine "for"-Schleife einzubauen, sehen Sie hier:

Wiederholung durch Schleifen

```
  main ()

{
  char Antwort[11];

  for (; Antwort[0] = 'j'; )
  {
    printf ("Geht es dir gut (j/n)? ");
    scanf ("%s", Antwort);
  }
  if (Antwort[0] = 'j')
    printf ("Das freut mich!");
  else
    printf ("Naja...");
}
```

Haben Sie es selbst entdeckt? Der Turbo-Compiler wird sich bei Ihnen nicht beklagen; denn - wie schon gesagt - ist nicht nur "==", sondern auch "=" ein Operator! Hier haben wir sogar einen "Wiederholungsfehler". Die Zuweisung

```
        Antwort[0]  =  'j'
```

statt

```
        Antwort[0]  ==  'j'
```

kommt nämlich bei der "if"-Anweisung noch einmal vor. Dieser Fehler kann also bei allen Kontrollstrukturen auftreten. Untersuchen Sie auch einmal am Programmbeispiel "Konto", welche Folgen dieser Fehler haben kann!

Wie Sie an diesem Fall sehen, verkraftet die "for"-Schleife auch Zuweisungen in der "Mitte". Wie weit solche Zuweisungen oder gar andere Anweisungen in Turbo C möglich und sinnvoll sind, das herauszufinden überlasse ich zunächst einmal Ihnen. Später werden wir sicherlich auf diesen Punkt zurückkommen!

8.6 "for" kann noch mehr!

Kehren wir jetzt zurück zum "Zeichensatz"-Programm:

```
main ()

{
  int z;

  for (z = 65; z < 91; printf ("%c\n", z++))
    ;
}
```

Was halten Sie denn davon? Offenbar sind die Fähigkeiten dieses Schleifentyps noch nicht erschöpft. Sehen Sie weiter:

```
main ()

{
  int n, Zahl, Summe;

  printf ("Gib eine Zahl ein: ");
  scanf ("%d", &n);
  for (Summe = 0, Zahl = 1; Zahl < n+1; ++Zahl)
    Summe += Zahl;
  printf ("Die Summe von 1 bis %d ist %d", n, Summe);
}
```

Sie lernen hier einen weiteren C-Operator kennen, den Komma-Operator:

      (,)

Außer als Trennzeichen der Argumente z.B. in einer "printf"- oder "scanf"-Anweisung kann das Komma in C also auch als Operator dienen! Wenn Sie diesen Operator in einer "for"-Schleife einsetzen, können Sie z.B. gleich mehrere Variablen herauf- oder herunterzählen:

Wiederholung durch Schleifen **145**

```
main ()

{
  int auf, ab;

  for (auf = 1, ab = 10; auf < 11, ab > 0; auf++, ab--)
    printf ("auf:%5d   ab:%5d", auf, ab);
}
```

So wird Sie diese Form des obenstehenden Programms, das Sie nach Ihrem Befinden fragt, auch nicht weiter verwundern:

```
#define  jj  (Antwort[0] == 'j')
#define  nn  (Antwort[0] == 'n')
#define  JJ  (Antwort[0] == 'J')
#define  NN  (Antwort[0] == 'N')
#define  OK  (jj || nn || JJ || NN)

main ()

{
  char Antwort[11];

  for (Antwort[0] = '?';
       !OK;
       printf ("Geht es dir gut (j/n)? "),
       scanf ("%s", Antwort))
    ;
  if (jj || JJ)
    printf ("Das freut mich!");
  else
    printf ("Naja...");
}
```

Sehen Sie genau hin, was alles in der "for"-Klammerung steht. Und schauen Sie dann einmal nach, was im Rumpf der "for"-Schleife noch an Anweisungen übriggeblieben ist: Da steht nämlich - einsam und allein - bloß noch ein Semikolon. Sie haben es also selbst erlebt, wie mächtig die "for"-Anweisung in C ist - und das war noch nicht einmal alles! Sie müssen diese Üppigkeit nicht bis zum Exzeß ausnutzen. Sie können diese Anweisung zum Beispiel auch nur als Pause einsetzen:

```
pause ()

{
  int i;

  for (i = 1; i < 10000; i++)
    ;
}
```

8.7 Zusammenfassung

Sie kennen jetzt mehrere Wiederholungsanweisungen:

die Schleife mit Test am Anfang :

```
while (<Bedingung>) {<Anweisungen>}
```

die Schleife mit Test am Ende :

```
do {<Anweisungen>} while (<Bedingung>);
```

und die "Super"-Schleife (auch mit Eingangstest):

```
for (<Start>; <Bedingung>; <Schrittanweisung>)
  {<Anweisungen>}
```

Sie erinnern sich noch, daß jeder Ausdruck im Kopf der "for"-Schleife fehlen oder auch mehrfach besetzt (durch Komma verknüpft!) sein darf.

Sie wissen, daß nur bei mehr als einer Anweisung im Schleifenrumpf mit "{" und "} " geklammert; daß jede (auch eine leere) Anweisung mit einem Semikolon (;) abgeschlossen werden muß!

Und falls Sie die vielen bisher kennengelernten Operatoren noch behalten haben, so werden Sie auch den Komma-Operator (,) nicht vergessen. An den "&"-Operator als Zeichen für die Adresse einer Variablen haben Sie sich ja hoffentlich inzwischen gewöhnt.

Schließlich möchten Sie nach (schlechten) Erfahrungen mit Endlos-Schleifen bestimmt die Möglichkeit nicht mehr missen, mit:

        `<O>` bzw. `"Options"`

und

        `<E>` bzw. `"Environment"`

sowie

        `<A>` bzw. `"Auto save edit On"`

in Turbo C eine automatische Sicherung einschalten zu können, damit Ihre Programme vor einem eventuellen Lauf ins Ungewisse auf Diskette gerettet werden.

9. Argumente für Funktionen

Wenn unsere Programme an Umfang zunehmen, erhöht sich auch zunehmend die Gefahr der Unübersichtlichkeit. Da haben wir dann eine Kette von Vereinbarungen und Anweisungen, eine Ansammlung von Verzweigungen und Wiederholungsschleifen und vor allem eine Menge von Operatoren, bunt gemischt. Bloß den Durchblick und den Überblick, den haben wir (fast) schon nicht mehr.

Besser als ein Programm "aus einem Guß" ist ein Programm, das wie aus Lego-Steinen aus einzelnen Modulen zusammengesetzt ist. Denn nur dort ist es möglich, Fehlerhaftes oder Überholtes durch etwas Neues zu ersetzen, indem man einfach die betreffenden "Steine" austauscht.

Nicht alle Programmiersprachen bieten die Möglichkeit, Programme aus einzelnen Modulen aufzubauen. Wenn Sie bisher in BASIC programmiert haben, könnten Sie auf GOSUBs und RETURNs verweisen. Aber Sie wissen es besser: Im üblichen BASIC-Standard ist ein übersichtliches Programmieren nicht einfach! Als Kenner von Pascal denken Sie jetzt an Prozeduren und Funktionen. In manchen BASIC-Versionen gibt es das auch schon - beispielsweise in Turbo BASIC! In C gibt es "nur" Funktionen. Die aber können, wie wir noch sehen werden, sehr gut beide Rollen übernehmen.

9.1 Übertragungsprobleme

Bis jetzt ist uns die Möglichkeit bekannt, Ausdrücke und Anweisungen in einem Programm durch verständlichere Begriffe zu ersetzen und mit Hilfe von "#define" den Präprozessor anzuweisen, dies dem Compiler zu vermitteln. Wir kennen auch die Möglichkeit, Teile eines Programms (z.B. auf Diskette) auszulagern und mit Hilfe von "#include" den Präprozessor anzuweisen, diese in ein entsprechendes Programm einzubinden.

Wenn wir aber unsere Funktionen vom Hauptprogramm getrennt auf Diskette gespeichert haben, erwarten wir auch von ihnen, daß sie nunmehr in jedem beliebigen anderen C-Programm problemlos einsetzbar sind. Es gibt jedoch ein Problem, das sich durchaus als störend erweisen kann. Nehmen wir als Beispiel die "tausche"-Funktion aus dem 6. Kapitel:

```
int  tausche ()

{
   int x;

   x     = Zahl1;
   Zahl1 = Zahl2;
   Zahl2 = x;
}
```

Sie können diese Funktion nur in einem anderen Programm nutzen, wenn Sie den zu vertauschenden Variablen dort denselben Namen wie in "tausche" geben - hier "Zahl1" und "Zahl2". Das folgende Programm würde also den Compiler zu einer Fehlermeldung veranlassen:

```
int  Alfa, Beta;

/* tausche () */
:

main ()

{
   printf ("1. Zahl: "); scanf ("%d", &Alfa);
   printf ("2. Zahl: "); scanf ("%d", &Beta);
   printf ("Vor  dem Tausch: %8d und %8d\n", Alfa, Beta);
   tausche ();
   printf ("Nach dem Tausch: %8d und %8d\n", Alfa, Beta);
   tausche ();
   printf ("Und zurück     : %8d und %8d", Alfa, Beta);
}
```

Es sollte doch aber auch möglich sein, diese (und andere) Funktionen universell verwenden zu können, ohne die Namen der jeweiligen Variablen extra anpassen zu müssen. Vielleicht müs-

Argumente für Funktionen

sen wir der Funktion bereits bei der Vereinbarung mitteilen, daß sie zwei Argumente bzw. Parameter zu erwarten hat, die sie dann vertauschen und wieder zurückgeben soll! Vereinbaren wir statt:

```
int tausche ()
```

nunmehr

```
int tausche (Zahl1, Zahl2)
```

und starten wir einen weiteren Versuch. Der Compiler meldet diesmal keinen Fehler. Aber offenbar findet nun kein Tausch mehr statt! Ach ja: Wir haben im Hauptprogrammteil auch gar nichts übergeben! Anstelle von:

```
tausche ();
```

müßten wir schon

```
tausche (Alfa, Beta);
```

schreiben; womit das Programm nun so aussieht:

```
int Alfa, Beta;

/* Selbstdefinierte Funktion */

int tausche (Zahl1, Zahl2)

{
  int x;

  x     = Zahl1;
  Zahl1 = Zahl2;
  Zahl2 = x;
}


/* Hauptfunktion */

main ()
```

```
    {
    printf ("1. Zahl: "); scanf ("%d", &Alfa);
    printf ("2. Zahl: "); scanf ("%d", &Beta);
    printf ("Vor  dem Tausch: %8d und %8d\n", Alfa, Beta);
    tausche (Alfa, Beta);
    printf ("Nach dem Tausch: %8d und %8d\n", Alfa, Beta);
    tausche (Alfa, Beta);
    printf ("Und zurück      : %8d und %8d", Alfa, Beta);
    }
```

Jetzt müßte es funktionieren: Bei der Vereinbarung wird dem Computer mitgeteilt, daß die Funktion zwei Argumente übernehmen soll. Beim Aufruf der Funktion können dieser nun auch zwei Werte übergeben werden. Wahrscheinlich haben Sie bereits hoffnungsfroh das Programm kompiliert und gelinkt. Und jetzt fühlen Sie sich "gelinkt": Es ändert sich nämlich nichts!

9.2 Nehmen und geben

Sie meinen, es wird überhaupt nichts vertauscht? Wollen Sie es genau wissen? Dann ergänzen Sie die Funktion doch um zwei Ausgabeanweisungen, damit Sie sehen können, was sich in der Funktion "abspielt":

```
    int  tausche (Zahl1, Zahl2)

    {
      int x;

      printf ("Zahl1: %d  Zahl2: %d\n", Zahl1, Zahl2);
      x     = Zahl1;
      Zahl1 = Zahl2;
      Zahl2 = x;
      printf ("Zahl1: %d  Zahl2: %d\n", Zahl1, Zahl2);
    }
```

Wenn Sie jetzt das Programm in dieser Fassung noch einmal laufen lassen und dabei die Werte von "Zahl1" und "Zahl2" beobachten, so können Sie sehen, daß die Funktion brav ihren Austausch-Dienst tut. Das Ergebnis dieses Prozesses gelangt aber leider nicht an die "Außenwelt"! Von außen sieht es so aus, als

Argumente für Funktionen 153

täte diese Funktion gar nichts. Ist Ihnen eigentlich ein ähnlicher Fall schon einmal vorgekommen? Mir ist bei das meinen ersten Programmierversuchen in C sehr häufig passiert: Manche Programme hatten ein unerwartetes Ende; sie verabschiedeten sich unmittelbar nach einer Eingabe. Zum Beispiel dieses:

```
main ()

{
    float Zahl;

    printf ("Gib eine Zahl ein:\n");
    scanf ("%f", Zahl);
    printf ("Die Zahl heißt %f", Zahl);
}
```

Sie sind ein scharfer Beobachter; natürlich haben Sie den Fehler gleich entdeckt - offensichtlich haben Sie sich meine diesbezüglich mahnenden Worte zu Herzen genommen! Es muß natürlich heißen:

```
        scanf ("%f", &Zahl);
```

Der Eingabe-Funktion müssen Zeiger übergeben werden! Sie wissen vielleicht noch: Zeiger enthalten eine Adresse, an der die Variable zu finden ist! Ich kann es in Ihrem Kopf geradezu klicken hören:

```
        "scanf" übernimmt, "tausche" übernimmt;
        "scanf" braucht Zeiger...
```

Sie schlagen vor, auch der "tausche"-Funktion zwei Zeiger zu übergeben? Ändern wir unser Programm entsprechend:

```
    int  Alfa, Beta;


    /* Selbstdefinierte Funktion */

    int  tausche (Zahl1, Zahl2)

    {
      int x;
      x    = Zahl1;
```

```
   Zahl1 = Zahl2;
   Zahl2 = x;
}


/* Hauptfunktion */

main ()

{
  printf ("1. Zahl: "); scanf ("%d", &Alfa);
  printf ("2. Zahl: "); scanf ("%d", &Beta);
  printf ("Vor  dem Tausch: %8d und %8d\n", Alfa, Beta);
  tausche (&Alfa, &Beta);
  printf ("Nach dem Tausch: %8d und %8d\n", Alfa, Beta);
  tausche (&Alfa, &Beta);
  printf ("Und zurück     : %8d und %8d", Alfa, Beta);
}
```

Lassen Sie es laufen! Enttäuscht? Es ändert sich nichts! Vielleicht sind Sie dem Verzweifeln nahe: Aber da wird doch etwas vertauscht! Bloß was?

9.3 Adressen und Zeiger

Vielleicht ist das jetzt wieder eine Stelle, an der Sie als Umsteiger von Pascal oder BASIC zurück zur "alten Liebe" wollen (vor allem, falls es eine der Turbos war) und als reiner Einsteiger doch lieber "ledig" geblieben wären? Sie sind nun aber schon so weit gekommen, bleiben Sie hier - bei Turbo C!

Der "tausche"-Funktion wurden Zeiger übergeben. Die Variablen innerhalb der "tausche"-Funktion müssen also ebenfalls als Zeiger definiert sein. "Zahl1" und "Zahl2" enthalten dann nicht mehr die Werte zweier Variablen, sondern deren Adressen!

Kopie von Werten

Am Vertauschungsprozeß sind also wieder die übergebenen Parameter direkt beteiligt. Bisher sind wir aber mit dieser Verarbeitung nicht glücklich geworden, denn wir haben nichts Bemerkenswertes zurückerhalten. Das liegt an der Eigenheit von C: Werden einer Funktion Argumente übergeben, so sind dies nicht Originalwerte, sondern nur Kopien! So werden also beim Aufruf

```
tausche (Alfa, Beta);
```

nur die Werte von "Alfa" und "Beta" in die Variablen "Zahl1" und "Zahl2" hineinkopiert. Diese Werte können nun zwar innerhalb der Funktion verändert werden, sie haben jedoch grundsätzlich keinen Einfluß auf die ursprünglichen Variablen, hier also "Alfa" und "Beta"! Bei unseren Versuchen, die Werte dieser beiden Variablen zu vertauschen, haben wir bisher nur Mißerfolge gehabt.

Wenn wir nun statt der Variablen "Alfa" und "Beta" jeweils einen Zeiger übergeben, erleiden wir auch dann Schiffbruch, wenn einfach nur die Zeiger vertauscht werden. Denn Sie wissen ja: Auch die übergebenen Zeiger sind Kopien! Wagen wir einen Trick: Wir übergeben die Zeiger (hier: auf "Alfa" und "Beta") und lassen die "tausche"-Funktion mit den Werten arbeiten, auf die die Zeiger verweisen. Bei diesen Werten nämlich handelt es sich nun nicht mehr um Kopien - das sind die Originale!

Wie markieren wir solche Werte? Bis jetzt sind ja "Zahl1" und "Zahl2" - nach dem letzten Stand - Zeiger mit den Adressen von "Alfa" und "Beta". Und die Adresse einer Variablen markiert man so:

"&Alfa" enthält die Adresse von "Alfa"

bzw.

ist Zeiger auf "Alfa".

Hier geht es nun um den umgekehrten Fall. Und auch dafür gibt es in C einen Operator - und es ist noch nicht der letzte, den Sie kennenlernen:

"*Zahl1" bezeichnet eine Variable,
auf die "Zahl1" zeigt.

Also beinhaltet:

"Zahl1" die Adresse,

und

"*Zahl1" den Wert

einer Variablen. Das verleiht der "tausche"-Funktion (vorläufig) dieses Aussehen:

```
int  tausche (Zahl1, Zahl2)
{
  int x;

  x      = *Zahl1;
  *Zahl1 = *Zahl2;
  *Zahl2 = x;
}
```

Nun warten Sie aber erst einmal mit der Kompilierung! Oder hat der Turbo-Compiler Sie schon darauf hingewiesen, daß hier erst (noch) einmal vereinbart werden muß? Wir müssen also mit:

```
int *Zahl1, *Zahl2;
```

irgendwo noch eine Vereinbarung unterbringen - fragt sich nur, wo?

9.4   Zwischenlösung?

Versuchen wir es zuerst einmal so:

```
int  tausche (Zahl1, Zahl2)
{
  int x;
  int *Zahl1, *Zahl2;

  x      = *Zahl1;
```

```
   *Zahl1 = *Zahl2;
   *Zahl2 = x;
}
```

Eine Vereinbarung innerhalb der Funktion beschert uns eine Compilermeldung, die uns zur Rücknahme dieses Schrittes veranlaßt. Versuchen wir es außerhalb :

```
:

int *Zahl1, *Zahl2;

int   tausche (Zahl1, Zahl2)

{
  int x;

  x     = *Zahl1;
  *Zahl1 = *Zahl2;
  *Zahl2 = x;
}

:
```

Der Turbo-Compiler serviert uns gleich das ganze "Message"-Fenster voller Fehlermeldungen und Warnungen. Ohne Vereinbarung geht es auch nicht! Aber wohin damit? Sehen Sie sich das an:

```
    int  Alfa, Beta;


    /* Selbstdefinierte Funktion */

    int   tausche (Zahl1, Zahl2)

      int   *Zahl1;
      int   *Zahl2;

    {
      int x;

      x      = *Zahl1;
```

```
    *Zahl1 = *Zahl2;
    *Zahl2 = x;
}


/* Hauptfunktion */

main ()

{
    printf ("1. Zahl: "); scanf ("%d", &Alfa);
    printf ("2. Zahl: "); scanf ("%d", &Beta);
    printf ("Vor dem Tausch: %8d und %8d\n", Alfa, Beta);
    tausche (&Alfa, &Beta);
    printf ("Nach dem Tausch: %8d und %8d\n", Alfa, Beta);
    tausche (&Alfa, &Beta);
    printf ("Und zurück     : %8d und %8d", Alfa, Beta);
}
```

Sie trauen der Sache nicht? Bei mir klappt es! Aber woher sollten Sie wissen, daß eine Vereinbarung der Argumente (Parameter) nicht hinter die Klammer "{" und auch nicht vor den Namen "tausche" gehört, sondern genau dazwischen?! Eine Funktionsvereinbarung in C sieht nämlich so aus:

```
<Typ> <Name> (<Argument1>, <Argument2>, ...)

      <Typ>    <Argument1>;
      <Typ>    <Argument2>;
               :

{
    /* interne Vereinbarungen */

    /* Anweisungen */
}
```

Die Vereinbarung des Namens mit der Argumentenliste sowie die Vereinbarung der Argumente gehören zum Funktionskopf, interne Vereinbarungen sowie die Anweisungen gehören zum Funktionsrumpf. Nicht vorenthalten will ich Ihnen eine weitere Möglichkeit, die von Turbo-C-Programmierern bevorzugt wird:

Argumente für Funktionen

```
  :

  int  tausche (int *Zahl1, int *Zahl2)

  {
    int x;

    x      = *Zahl1;
    *Zahl1 = *Zahl2;
    *Zahl2 = x;
  }


  /* Hauptfunktion */

  :
```

Damit befinden sich die Vereinbarungen in den Argument-Klammern. Diese Lösung halte ich für die elegantere, und sie wird sicher auch den Pascal-Umsteigern besser gefallen.

Vielleicht ist es an der Zeit, Sie noch einmal an die bequeme Möglichkeit der Fehlerbearbeitung zu erinnern, die Turbo C Ihnen bietet: Nach einem Überfall durch gleich mehrere Fehlermeldungen und/oder Warnungen können Sie sich mit Hilfe der Tasten <F8> und <F7> durch den Editor zum nächsten bzw. zum vorangegangenen Fehler "schlängeln". Mit <F6> wechseln Sie zwischen Editor- und Meldefenster hin und her. Damit gelangen Sie Schritt für Schritt an die Stellen, an denen Turbo C die jeweilige Fehlerquelle (oder bei Warnungen den "Juckepunkt") vermutet. Das funktioniert auch, wenn Sie in Ihrem Programmtext Zeilen löschen oder hinzufügen (müssen).

Übrigens gilt das alles nur für Compiler-Fehler: Linker-Fehler lassen sich auf diese Weise nicht beheben, denn es sind Fehler, deren Position sich so nicht ermitteln läßt. In diesem Fall müssen Sie sich die Mühe machen, selbst nach der Fehlerquelle zu fahnden.

9.5 get it and put it

Verlassen wir vorläufig die "selbstgemachten" und kümmern wir uns ein wenig um ein paar Funktionen aus den Bibliotheken, die im Lieferumfang Ihres Turbo-C-Paketes enthalten sind: Vielleicht denken Sie jetzt an die schon vertrauten Funktionen "scanf" und "printf". Das sind aber nicht die einzigen Funktionen, die der Ein- und Ausgabe dienen. Im Gegenteil: Turbo C hat - auch hier - eine Menge mehr zu bieten! Nehmen Sie doch dies kleine Programm einmal in Augenschein:

```
main ()

{
  char Taste;

  Taste = ' ';

  while (Taste != '$')
  {
    Taste = getchar();
    putchar (Taste);
  }
}
```

Auffällig sind die Wörter "getchar" und "putchar": Wenn Sie der englischen Sprache genügend mächtig sind, so erkennen Sie sofort, daß damit

"get character"
(nimm ein Zeichen, von der Tastatur)

und

"put character"
(gib ein Zeichen, zum Bildschirm)

gemeint sein sollen. Ähnliches gilt für die Funktionen "getch" und "putch", die speziell nur für die Konsole (= Tastatur/Bildschirm) gelten, während Sie die obengenannten Funktionen auch auf andere Ein-/Ausgabegeräte anwenden könnten, wenn diese als Standard definiert sind. Außer "getch" (Eingabe ohne Anzeige des entsprechenden Zeichens auf dem Bildschirm) können Sie auch noch "getche" (Eingabe mit Bildschirm-Echo) ausprobieren.

Alle diese Funktionen sind nun weder Bestandteil des Grundwortschatzes noch der Standard-Bibliotheken, die der Turbo-Linker selbständig mit einbindet. "getchar" und "putchar" sind - wie auch viele weitere Funktionen - in einer Include-Bibliothek namens "stdio.h" enthalten. (Und das ist die Abkürzung für "Standard-Input/Output".) "getch", "getche" und "putch" finden Sie in einer weiteren Include-Datei, nämlich "conio.h". Ehe Sie das Programm kompilieren und linken, fügen Sie also zuvor:

```
#include "stdio.h"
```

bzw.

```
#include "conio.h"
```

als oberste Programmzeile ein. Eine andere erlaubte Schreibweise ist:

```
#include <stdio.h>
```

bzw.

```
#include <conio.h>
```

Turbo C erlaubt grundsätzlich beide Schreibweisen für "#include"-Dateien; dabei haben die Anführungsstriche und die spitzen Klammern verschiedene Bedeutung: Bei #include "stdio.h" z.B. sucht der Präprozessor die einzubindende Datei in demselben Directory ("Ordner"), in dem auch der Quelltext steht. Wenn er sie nicht findet, sucht er weiter in dem Verzeichnis, das vom Hauptmenü aus durch "Option" und "Environment" eingestellt ist.

Bei #include <stdio.h>" dagegen sucht er nur direkt in diesem Verzeichnis. Während also die Anführungsstriche für selbstdefinierte Files mit Quelltext verwendet werden können, ist die spitze Klammerung für bereits vorhandene System-Bibliotheken im Quellcode reserviert.

Wenn Sie wollen, können Sie sich die Quelldatei "stdio.h" von Diskette in Ihren Editor laden und dort nach den Funktionen "putchar" und "getchar" suchen. Seien Sie aber bitte nicht enttäuscht, wenn Ihnen das, was Sie dort finden, (nahezu) nichts sagt. Sie können jetzt das Programm laufen lassen. Den Schreibmaschinen-Effekt stellen Sie sicher schnell fest. Und vergessen Sie bitte nicht, daß Sie durch Eingabe von "$" das Programm beenden können. Testen Sie doch gleich auch die folgenden Spielarten:

```
main ()   /* get in Klammer */

{
  char Taste;

  while ((Taste = getchar()) != '$')
    putchar (Taste);
}



main ()   /* put in Klammer */

{
  char Taste;

  for (; (Taste = getchar()) != '$'; putchar (Taste))
    ;
}
```

Sie haben doch hoffentlich nicht nur die Lauffähigkeit dieser Prográmmchen registriert, sondern auch bemerkt, wohin die Funktionen "gerutscht" sind! Vielleicht haben Sie ein Spielfeld gefunden, in vergangenen Programmbeispielen an geeigneter Stelle die "scanf"-Funktion durch "getchar" (oder "getch" bzw. "getche") zu ersetzen?

Beachten Sie, daß "getchar" (und den genannten Varianten) kein Argument übergeben wird, es aber einen Wert zurückgibt! Das erkennen Sie an der Zuweisung: "Taste" erhält einen Wert. Umgekehrt scheint es bei "putchar" zu sein: Hier wird ein Wert übergeben und auf dem Bildschirm angezeigt. Aber steht dieser

Argumente für Funktionen **163**

Wert auch dann noch zur Verfügung? Erinnern Sie sich noch einmal an die Funktion "tunix": Hier wurde nichts übergeben und nichts kam dabei heraus! Das Übliche ist dennoch eine Funktion, die nimmt und auch gibt.

9.6 "return"-Werte

Diejenigen unter Ihnen, denen die Sprache Pascal geläufig ist, seien nunmehr auf das Wort "FUNCTION" verwiesen. Und auch die BASIC-Kenner haben sicher schon von "DEF FN" bzw. "FN" gehört. Wenn Sie verstanden haben, was ich meine, dann wissen Sie, was jetzt kommt. Es geht um Funktionen, die einen Wert erzeugen, der in einer Zuweisung oder eine Ausgabe weiterverwendet werden kann. Sehen Sie sich dieses Programm einmal an, und probieren Sie es (mehrmals!) aus:

```
/* Zahl hoch positives n */

long potenz (int bas, int n)

{
  int i, pot;

  for (i = pot = 1; i <= n; ++i)
    pot *= bas;
  return (pot);
}


/* Fakultät von n */

long fakult (int n)

{
  int i,fak;
  for (i = fak = 1; i <= n; i++)
    fak *= i;
  return (fak);
}
```

```
/* Hauptprogramm */

main ()

{
  int Basis, Zahl;

  printf ("Geben Sie zwei Zahlen ein:\n");
  printf ("Basis: ");  scanf (" %d", &Basis);
  printf ("  n  : ");  scanf (" %d", &Zahl);

  printf ("\n\n");
  printf ("%d hoch %d ", Basis, Zahl);
  printf ("ist %d\n", potenz (Basis, Zahl));
  printf ("Und %d! gleich %d", Zahl, fakult (Zahl));
}
```

Ich habe zwei Funktionen gewählt, die in der Mathematik nicht ohne Bedeutung sind. Außerdem dürfte es auch vergleichbare Programmbeispiele in Pascal und BASIC geben! Die eine Funktion tut etwas, was in C nicht zum Standard gehört: Sie multipliziert eine vorgegebene Basis n-mal mit sich selbst, berechnet also die Potenz. Mathematisch ausgedrückt:

$$f(Basis, n) = Basis$$

In Turbo C finden Sie in der Include-Datei "math.h" eine Funktion mit Namen "pow", die Sie sich hierzu auch einmal anschauen sollten. Die andere Funktion ähnelt der Summenschleife aus Kapitel 7: Hier geht es um das Produkt der ersten n Zahlen, die Fakultät von n. Mathematisch ausgedrückt:

$$f(n) = n!$$

In beiden Fällen wird jeweils ein (veränderter!) Wert zurückgegeben, der für eine Zuweisung oder eine Ausgabe direkt verfügbar ist. Dieser Rückgabe-Wert wird über die "return"-Anweisung erzeugt. Ja, aber - werden Sie sagen - dieser Wert wurde nicht von außen übergeben, sondern innerhalb der Funktion erzeugt. Dann betrachten Sie dieses Beispiel:

Argumente für Funktionen

```
long quadrat (int n)

{
   return (n * n);
}

main ()

{
   int n;

   for (n = 0; n < 10; n++)
   {
     printf ("Das Quadrat von %d ", n);
     printf ("ist %2d\n", quadrat (n));
   }
}
```

Hier können Sie also einen Wert übergeben, und Sie erhalten ihn verändert zurück! Wenn Sie nun auf die Idee kommen, da sei doch auch bei der obenstehenden "tausche"-Funktion etwas mit "return" zu machen, dann versuchen Sie es: Der Compiler nimmt Ihnen Anweisungen wie:

```
return (Zahl1, Zahl2);
```

oder

```
return (Zahl1); return (Zahl2);
```

nicht unbedingt übel. Es wird aber immer nur ein (brauchbarer) Wert zurückgeliefert! Übrigens könnten Sie die "return"-Anweisung bei allen Funktionen auch weglassen, und es wird dennoch ein Wert erzeugt. Wie sinnvoll dieser ist, sollten Sie sich selbst anschauen! Es wäre auch einen Versuch wert, die "putchar"- oder die "tausche"-Funktion einmal (einer Variablen) zuzuweisen oder sie (über eine "printf"-Anweisung) auszugeben. Überhaupt tut sich Ihnen hier wieder ein weites Experimentierfeld auf, das sie weidlich nutzen sollten!

9.7 Zusammenfassung

Ehe Sie nun diese Zusammenfassung lesen, empfehle ich Ihnen unbedingt zum 6. Kapitel ("Funktionen") zurückzublättern und sich die dortige Zusammenfassung noch einmal in Erinnerung zu rufen!

Sie wissen nun, daß Sie Funktionen in Turbo C mit:

```
<Typ> <Name> (<Typ> <Argumente>)
```

vereinbaren müssen und mit:

```
<Name> (<Argumente>);
```

aufrufen können. Dabei soll die Anzahl der Argumente bei Vereinbarung und Aufruf übereinstimmen. Jedes Argument ist durch Komma vom anderen getrennt.

Sie wissen, daß Sie Argumente im Kopf der Funktion oder direkt in der Argumentenliste vereinbaren müssen. Sie vergessen nicht, daß Argumente:

nur	Kopien der Original-Werte sind.
Werden sie	innerhalb der Funktion geändert,
so hat das	keine verändernde Wirkung
auf die	außerhalb liegenden Originale!

Wollen Sie trotzdem die Originale ändern, so benötigen Sie als Argument Zeiger.

Sie kennen außer dem Adreß-Operator (&) nun auch den Inhalt-Operator (*). Sie wissen nun, daß mit:

`&<Variable>`	die Adresse einer Variablen
`*<Zeiger>`	der Wert, auf den gezeigt wird,

gemeint ist. Sie wissen auch, daß eine Funktion immer einen Wert erzeugt. Soll dieser Wert kontrolliert und sinnvoll sein, weil er für eine Ausgabe oder Zuweisung bestimmt ist, muß er in der Funktion durch eine:

Argumente für Funktionen 167

"return"-Anweisung

erzeugt werden. Sie haben die Funktionen zur Eingabe eines Einzelzeichens:

       getchar ()   vom Standard-Eingabegerät
       getch ()   von der Konsole (ohne Echo)
       getche ()   von der Konsole (mit Echo)

und zur Ausgabe eines Einzelzeichens:

       putchar ()   zum Standard-Ausgabegerät
       putch ()   zur Konsole

neu kennengelernt und wissen, daß diese aus den Include-Dateien "stdio.h" und "conio.h" stammen. Sie können mit:

       #include "stdio.h" (bzw. "conio.h")

oder auch

       #include <stdio.h> (bzw. <conio.h>)

den Präprozessor anweisen, diese von Diskette in Ihre Programme einzubinden.

Schließlich vergessen Sie nicht die Tasten <F7> und <F8>, um sich durch eine Allee von Fehlern rück- und vorwärts "hangeln" zu können, sowie die Taste <F6> zum Wechsel zwischen "Message"- und "Edit"-Window.

10. Programmstrukturen

Computer sind im wesentlichen Daten-Verarbeitungs-Anlagen (abgekürzt: DVA). Denn sämtliche Programme, die unter der Bezeichnung "Anwender-" oder "Nutz-Programme" laufen, sind gewissermaßen Daten-Verarbeitungs-Programme; alles nämlich, was der Computer tut, ist in irgendeiner Form die Verarbeitung von Daten. Es ist daher nicht weiter verwunderlich, wenn sich viele Programme vom Aufbau-Prinzip her ähnlich sind. Inzwischen ist Ihnen als Turbo-Programmierer(in) der Begriff "Menü-Steuerung" ja wohlbekannt. Dabei muß es nicht einmal die Programmierumgebung einer Sprache oder die von sogenannten Anwender- bzw. Nutzprogrammen sein, diese Form der Steuerung durch ein Programm wird auch oft bei Spielen verwendet.

10.1 Angebot und Auswahl

Schauen wir uns ein solches Menü einmal näher an. Nehmen wir als erstes Beispiel ein Hauptmenü, das - möglichst auf einen Blick - alle oder zumindest die Haupt-Optionen anbietet, die für die Bearbeitung und Verwaltung von Daten und Dateien nötig sind. Ein Beispiel wäre die Hauptmenü-Leiste von Turbo C:

```
File   Edit   Run   Compile   Project   Options   Debug
```

Wie Sie wissen, haben Sie hier die Wahl: Sie können sich eine Option entweder auf die klassische Art durch einfachen Tastendruck (= Anfangsbuchstabe) oder durch Ansteuerung des Menüpunktes mit dem Cursor aussuchen. Grundsätzlich wäre auch die Ansteuerung durch eine Maus möglich, die bei manch einem PC bereits zum Lieferumfang gehört. Machen wir uns zuerst Gedanken darüber, welche Optionen wir brauchen: Was soll mit den Daten geschehen?

In erster Linie sollen sie (sicher) aufbewahrt werden. Dazu benötigen wir Verfahren, die den Diskettenbetrieb regeln. Zunächst aber müssen die Daten über die Tastatur in den Computer eingetippt werden. Dazu brauchen wir ein Eingabe-Verfahren. Fehlerhafte Daten müssen korrigierbar sein, veraltete Daten muß man löschen, neue hinzufügen können. Dazu bedarf es entsprechender Korrektur-Verfahren.

Sinnvoll wäre es, wenn die Daten sortiert, also in eine bestimmte Ordnung gebracht werden könnten, damit man den Überblick nicht verliert und Gesuchtes besser findet. Dazu müssen wir Verfahren zum Ordnen und Suchen haben. Wir wollen die Daten natürlich auch auf dem Bildschirm sehen oder ausgedruckt lesen können. Dazu benötigen wir Ausgabe-Verfahren.

10.2 Wählbare Optionen

Wie gefällt Ihnen eine solche Aufmachung?

DATEI	DATEN
1. Verwalten	6. Bearbeiten
2. Sichern auf Diskette	7. Sortieren
3. Laden von Diskette	8. Suchen/Ersetzen
4. Drucken/Übertragen	9. Programmwechsel
5. HILFE	0. ENDE

Um Daten und Dateien möglichst komfortabel und flexibel be- und verarbeiten zu können, benötigt man ein entsprechend reichhaltiges Angebot an Optionen. Die oben dargebotenen Möglichkeiten müssen natürlich weiter untergliedert werden:

- Dateien müssen verwaltet werden: Dazu sind Diskettenverzeichnisse sowie Optionen zum Kopieren, Löschen und Umbenennen nötig.

- Beim Sichern und Laden sollte es auch die Möglichkeit geben, Teile von Dateien zwischen Diskette und Computer hin- und herzutransportieren.

- Daten sollen nicht nur über die parallele (Drucker), sondern auch über die serielle Schnittstelle (Modem, anderer Computer) übertragen werden können.

- Die Bearbeitung umfaßt außer der Ein- und Ausgabe auch die Korrektur von Daten.

- Daten sollen geordnet sein, dafür müssen müssen folgende Optionen anwählbar sein: Sortieren nach verschiedenen Kriterien, Suchen und Ersetzen.

- Zur Not ist da noch die Option "Hilfe" und zum Programmabbruch eine Taste für "Ende".

Darüber hinaus gibt es noch weitere Untermenüs, die dem Benutzer die Möglichkeit geben sollen, seine Wünsche zu konkretisieren. Eines davon könnte zum Beispiel so aussehen:

```
┌─────────────────────────────────┐
│  ┌───────────────────────────┐  │
│  │   VERWALTEN               │  │
│  │                           │  │
│  │   1.  Inhalt der Diskette │  │
│  │   2.  Datei  zeigen       │  │
│  │   3.  Datei  löschen      │  │
│  │   4.  Datei  umbenennen   │  │
│  │   5.  Datei  kopieren     │  │
│  │                           │  │
│  │   0.  ENDE                │  │
│  └───────────────────────────┘  │
└─────────────────────────────────┘
```

Wie Sie sehen, könnte aus fast jedem Punkt des Hauptmenüs ein weiteres Menü aufgerufen werden, und dies muß nicht einmal die letzte Ebene sein - die Turbo-C-Umgebung ist dafür ein gutes Beispiel. Das geplante Menü besteht aus zwei Teilen: dem Angebot aller verfügbaren Optionen und der Auswahl des jeweils benötigten Verfahrens.

Nun soll es Ihre Aufgabe sein, "Angebot" und "Nachfrage" in ein lauffähiges C-Programm zu übertragen. Wohlgemerkt: Nur dieses (Haupt)-menü soll funktionieren! (Dabei können Sie auch den Rahmen für's Auge weglassen.) Drehen Sie dieses Buch erst um! Wenn Sie fertig sind und glauben, daß das Programm fehlerfrei sei, dann vergleichen Sie:

Programmstrukturen

```
biete_an ()

{
   printf ("+-----------------------------------------------+\n");
   printf ("|    DATEI           |      DATEN              |\n");
   printf ("+-----------------------------------------------+\n");
   printf ("| 1. Verwalten       | 6. Bearbeiten           |\n");
   printf ("| 2. Sichern auf Diskette | 7. Sortieren       |\n");
   printf ("| 3. Laden   von Diskette | 8. Suchen/Ersetzen |\n");
   printf ("| 4. Drucken/Übertragen   | 9. Programmwechsel |\n");
   printf ("+-----------------------------------------------+\n");
   printf ("| 5. HILFE           | 0. ENDE                 |\n");
   printf ("+-----------------------------------------------+\n");
}
```

Und nun sollten Sie sich auch das einmal ansehen:

```
char Angebot[10][60] =
{
        "+-----------------------------------------------+\n",
        "|    DATEI           |      DATEN              |\n",
        "+-----------------------------------------------+\n",
        "| 1. Verwalten       | 6. Bearbeiten           |\n",
        "| 2. Sichern auf Diskette | 7. Sortieren       |\n",
        "| 3. Laden   von Diskette | 8. Suchen/Ersetzen |\n",
        "| 4. Drucken/Übertragen   | 9. Programmwechsel |\n",
        "+-----------------------------------------------+\n",
        "| 5. HILFE           | 0. ENDE                 |\n",
        "+-----------------------------------------------+\n"
};

biete_an ()

{
   int i;

   for (i = 0; i <10; i++)
      printf ("%d. %s", i, Angebot[i]);
}
```

Wie finden Sie diese Variante? Zuerst wird der gesamte Angebotstext initialisiert. Dann wird die Überschrift ausgegeben und anschließend - über eine Zählschleife - jedes Einzelangebot. Nicht schlecht - oder?

10.3 Komplettierung

Von Interesse dürfte jetzt die "Auswahl"-Funktion sein. Wir beschränken uns auf die klassische Auswahl per Tastendruck - wie Sie sie wahrscheinlich auch bei der Bedienung von Turbo C bevorzugen - weil Sie leichter zu programmieren ist:

```
char Wahl;

waehle ()

{
  Wahl = getchar ();

  if (Wahl == '1') verwalte ();
  if (Wahl == '2') sichere ();
  if (Wahl == '3') lade ();
  if (Wahl == '4') drucke ();
  if (Wahl == '5') hilf ();
  if (Wahl == '6') bearbeite ();
  if (Wahl == '7') sortiere ();
  if (Wahl == '8') suche ();
  if (Wahl == '9') wechsle ();
}
```

Eine "ende"-Funktion habe ich hier weggelassen, weil das Programm möglichst kein abruptes, sondern ein natürliches Ende haben sollte. Wie wir das bewerkstelligen, zeige ich Ihnen gleich. Damit hier die Eingabe eines anderen Zeichens nicht zu einer Fehlermeldung und zum Programmabbruch führt, wird die Tastatur mit "getchar" abgefragt. Sie sollten also "#include "stdio.h"" bzw. "#include <stdio.h>" nicht vergessen!

Laufen tut das Programm natürlich nur, wenn Sie es um eine "main"-Funktion ergänzen, in der die beiden Menü-Funktionen aufgerufen werden:

```
main ()

{
  do
  {
    biete_an ();
```

Programmstrukturen 175

```
       waehle ();
    }
    while (Wahl != '0');
}
```

Das Menü soll immer wieder aufgerufen werden, SOLANGE NICHT die Taste '0' gedrückt wurde. (Warum "Wahl" jetzt global vereinbart wurde, muß ich wohl nicht erklären.)

Für die Lauffähigkeit unseres Programm-Gerüstes ist es außerdem nötig, schon sämtliche Funktionsanweisungen zu vereinbaren. Sie können dies als Dummy tun; dann täte die Funktion nichts:

```
verwalte ()   { }
sichere ()    { }
lade ()       { }
:
```

Aber Sie wollen ja etwas vom Programm sehen. Also sollten Sie jeder vereinbarten Funktion eine "printf"-Anweisung spendieren, solange sie (sonst) noch nichts tut:

```
verwalte ()     {printf ("Datei verwalten\n");}
sichere ()      {printf ("Daten sichern\n");}
lade ()         {printf ("Daten laden\n");}
drucke ()       {printf ("Daten drucken\n");}
hilf ()         {printf ("\7Hilfe!!!\n\n");}
bearbeite ()    {printf ("Daten bearbeiten\n");}
sortiere ()     {printf ("Daten sortieren\n");}
suche ()        {printf ("Daten suchen\n");}
wechsle ()      {printf ("\7Neues Programm!\n\n");}
```

Sie können die Ausgabe-Befehle auch an Stelle der Funktionsaufrufe direkt hinter die jeweilige "if"-Anweisung anfügen. Jedenfalls bekommen Sie so etwas auf dem Bildschirm zu sehen.

10.4 Wer die Wahl hat...

Haben Sie Ihr "Dummy"-Programm schon getestet? Haben Sie dabei auch einmal - versehentlich oder absichtlich - ein Zeichen eingegeben, das in dieser Auswahl nicht berücksichtigt wurde? Sinnvoll wäre es doch, in diesem Falle nur eine erneute Auswahl zu ermöglichen - ein wiederholtes Angebot ist überflüssig, denn es ist ja noch zu sehen. Was halten Sie davon, jede "if"-Anweisung durch einen "else"-Zweig zu ergänzen?

```
:
if (Wahl == '1') verwalte ();
else waehle ();
    :
if (Wahl == '9') wechsle ();
else waehle ();
```

Ach, Sie meinen, das geht nicht, weil eine Funktion nicht sich selbst aufrufen kann? Probieren Sie's doch aus! Nun?

Eine Funktion kann sich also selbst als Anweisung beinhalten. Das heißt, eine Funktion kann rekursiv sein.

Das Programm funktioniert also, bloß nicht so, wie es soll! Jetzt wird nämlich schon nach der ersten "if"-Anweisung der "else"-Zweig abgearbeitet, wenn Sie keine '1' eingegeben haben. Das heißt, es wird neu gewählt. Ein Anwahl der anderen Optionen ist damit gar nicht mehr möglich.

Sie meinen, ein "else" am Ende hätte genügt? Überzeugen Sie sich bitte selbst davon, daß das leider nicht so einfach ist. Es wird uns gar nichts anderes übrig bleiben, als einen Fall nach dem anderen auszuklammern:

```
waehle ()

{
  Wahl = getchar ();

  if (Wahl == '1') verwalte ();
  else
    if (Wahl == '2') sichere ();
```

Programmstrukturen

```
            else
              if (Wahl == '3') lade ();
            else
              if (Wahl == '4') drucke ();
            else
              if (Wahl == '5') hilf ();
            else
              if (Wahl == '6') bearbeite ();
            else
              if (Wahl == '7') sortiere ();
            else
              if (Wahl == '8') suche ();
            else
              if (Wahl == '9') wechsle ();
            else
              waehle ();
}
```

Sie finden das fürchterlich? In diesem Fall gibt es in C jedoch einen anderen Weg! Pascal-Könner haben da längst an "CASE..OF..." gedacht. Ich möchte Ihnen diesen "Ausweg" zunächst kommentarlos vorstellen:

```
waehle ()

{
  Wahl = getchar ();

  switch (Wahl)
  {
    case '1' : verwalte ();
    case '2' : sichere ();
    case '3' : lade ();
    case '4' : drucke ();
    case '5' : hilf ();
    case '6' : bearbeite ();
    case '7' : sortiere ();
    case '8' : suche ();
    case '9' : wechsle ();
  }
}
```

Und nun wollen wir diese Form der Mehrfach-Auswahl näher betrachten: Hinter "switch" steht zunächst der Variablenname. Es folgt dann eine Liste der möglichen Variablenwerte, jeweils durch "case" eingeleitet; gefolgt von den Anweisungen, jeweils durch einen Doppelpunkt (:) von den Auswahlmöglichkeiten getrennt.

10.5 ...hat die Qual

Testen Sie diese Version! Ich meine damit, daß Sie jede Wahltaste (mindestens) einmal durchprobieren. Sie finden das seltsam? Bei Eingabe von '1' werden offenbar alle Routinen durchlaufen, bei '2' sämtliche ab der zweiten Funktion und nur bei Eingabe von '8' wird lediglich die Funktion "suche" ausgeführt. Es soll aber jeweils nur eine - und zwar nur die angewählte - Funktion abgearbeitet werden. Wir müssen einen Weg finden, um ein "Durchrutschen" auf die nachfolgenden Funktionen zu verhindern! Und dies geschieht durch:

```
        break;
```

Mit Hilfe dieser Anweisung wird die Auswahl an dieser Stelle abgebrochen und das Programm hinter dem "switch"-Block fortgesetzt. Versuchen Sie es:

```
waehle ()

{
  Wahl = getchar ();

  switch (Wahl)
  {
    case '1' :  verwalte ();    break;
    case '2' :  sichere ();     break;
    case '3' :  lade ();        break;
    case '4' :  drucke ();      break;
    case '5' :  hilf ();        break;
    case '6' :  bearbeite ();   break;
    case '7' :  sortiere ();    break;
    case '8' :  suche ();       break;
    case '9' :  wechsle ();     break;
  }
}
```

Programmstrukturen

Jetzt müßte es nur noch einen "else"-Zweig geben... Neugierig, wie Sie sind, haben Sie natürlich herausgefunden, daß es (leider) keinen "else"-Zweig für die "switch"-Anweisung gibt. Und doch haben Sie nicht ganz recht: Dieser "Sonst"-Zweig heißt in C:

```
default
```

Ergänzen Sie also den Auswahl-Block um:

```
default waehle ();
```

Aber lassen Sie es ja noch nicht laufen! Was passiert nämlich, wenn Sie Ihr Programm beenden wollen? Sie betätigen die Taste '0'. Und was dann? Es muß neu gewählt werden! Denn '0' steht nicht zur Auswahl! Die Funktion ruft sich also immer wieder nur selbst auf. Und dieser Prozeß ist endlos. Was für ein Glück für Sie, daß Sie die "Auto save edit"-Funktion (über "Option" und "Environment") angeschaltet haben. Oder haben Sie das etwa (noch) nicht?

Im Augenblick haben wir zwar die Wahl, aber auch die Qual: Wir müssen immerzu (wieder) wählen! Um das zu verhindern, müssen wir demnach auch die Tasten in unser Auswahl-Sortiment aufnehmen, mit denen wir nach Bedarf das Programm wieder beenden können:

```
waehle ()
{
  Wahl = getchar ();

  switch (Wahl)
  {
    case '1' : verwalte ();   break;
    case '2' : sichere ();    break;
    case '3' : lade ();       break;
    case '4' : drucke ();     break;
    case '5' : hilf ();       break;
    case '6' : bearbeite ();  break;
    case '7' : sortiere ();   break;
    case '8' : suche ();      break;
    case '9' : wechsle ();    break;
```

```
      case '0' :  ;
      default  : waehle ();
   }
}
```

Hinter dem Doppelpunkt darf nur eine leere Anweisung stehen, denn bei der Wahl von '0' soll ja nichts weiter getan werden. Ebenso übrigens müßten Sie die weiter oben angeführte "else if"-Verschachtelung entsprechend erweitern:

```
   :
   else
     if (Wahl == '0') ;
     else
        waehle ();
```

Dann funktioniert sie wie die "switch"-Version. Sie fragen, wozu überhaupt eine so schreckliche "Verästelung" nötig sei, wenn es doch die elegantere Mehrfachauswahl mit "switch" gibt? Die "switch"-Struktur ist leider auf ganze Zahlen und Einzelzeichen beschränkt. Es gibt aber auch Fälle, wo eine Mehrfach-Verzweigung für Gleitpunktzahlen oder Zeichenketten nötig ist. Und da bleibt Ihnen dann leider keine andere Wahl...

10.6 Zusammenfassung

In diesem Kapitel haben Sie im wesentlichen Ihr Wissen vertieft; aber es ist auch etwas Neues dazu gekommen. Vor einer wohlverdienten Pause sollten Sie deshalb noch einmal kurz Ihre Aufmerksamkeit auf diese Zusammenfassung richten:

Sie kennen jetzt nicht nur die einfache Verzweigung:

```
   if (<Bedingung>) {Anweisungen}
   else {<Anweisungen>}
```

Programmstrukturen **181**

sondern auch die Mehrfach-Verzweigung:

```
switch (<Variable>)
{
  case <Wert> : <Anweisungen>;
    :
  default     : <Anweisungen>;
}
```

Mit

```
break;
```

verhindern Sie, daß nachfolgende "case"-Zweige auch noch abgearbeitet werden. Sie wissen, daß:

```
else
```

und

```
default
```

jeweils auch weggelassen werden können. Sie haben auch nicht vergessen, daß bei der "switch"-Anweisung Gleitpunktzahlen und Strings als "case"-Typen nicht (!) erlaubt sind.

Und Sie haben erfahren, daß eine Funktion sich selbst aufrufen, also rekursiv sein kann.

Schließlich denken Sie daran, daß Sie zur Vorsicht über:

```
<O>  bzw.  "Options"
```

dann

```
<E>  bzw.  "Environment"
```

und

```
<A>  bzw.  "Auto save edit  ON"
```

dafür sorgen sollten, daß laufkritische Programme vor einem eventuellen "Run" ins Nirwana auf Diskette gespeichert werden!

Teil 3: Turbo C Intern

11. Strings und Zeiger

Der Arbeitsspeicher Ihres Computers ist vergleichbar mit einer sehr langen Straße, in der jedes Haus nur von einer Person bewohnt werden kann. Der Computer kann in jedem Haus nur ein Zeichen - mit einem Code zwischen 0 und 255 - unterbringen. Daten, die aus mehr als einem Zeichen bestehen, haben demnach nur in mehreren Häusern Platz. Alle dort abgelegten Daten sind also in einer Kette hintereinander aufgereiht.

11.1 Nummern und Adressen

Um auf einzelne Speicherplätze dieser Daten zugreifen zu können, kann man sie durchnumerieren. Nehmen wir als Beispiel diese Zeichenkette:

```
H  A  L  L  O
0  1  2  3  4
```

Vielleicht erinnern Sie sich noch, daß in C von 0 an gezählt wird. Dieser String belegt also in einer Reihe 5 nebeneinanderliegende Häuser; es würde also hier genügen, nur diese Häuser mit Nummern zu versehen, wenn Sie auf einzelne Zeichen dieses Strings zugreifen wollen.

Der Computer aber hat immer den ganzen Speicher im Auge. Seine Numerierung beschränkt sich also nicht auf die paar Häuser, die Sie jetzt nur interessieren, sondern sie umfaßt den gesamten verfügbaren Speicherplatz. Er gibt jedem Haus eine Adresse, und nur daran erkennt er dieses Haus; ansonsten ist für ihn eins wie das andere.

In C gibt es dazu Zeiger (oder englisch: Pointer), mit denen auf diese Adresse verwiesen werden kann. Nehmen wir wieder das obige Beispiel mit dem freundlichen String; lassen wir dieses

Wort bei der Adresse 365 beginnen. Will der Computer nun auf ein Einzelzeichen zugreifen, so orientiert er sich an diesen Adressen:

```
 H    A    L    L    O
365  366  367  368  369
```

Ganz einfach ist das nicht: Vergleichen Sie in mehreren Speicherplätzen abgelegte Daten mit einer (großen) Firma, die ja für ihre Anschrift auch mehrere nebeneinanderliegende Häuser (Adressen) beansprucht. Wenn Sie diese Firma suchen, so benötigen Sie die Anfangsadresse. Damit wissen Sie aber noch nicht, bei welcher Adresse der Sitz der Firma endet!

Verschiedene Typen von Daten haben ja auch verschiedene Längen, das heißt: Ihr Bedarf an Speicherplatz ist unterschiedlich. Der Computer muß aber ganz genau wissen, an welcher Stelle ein Datentyp beginnt und wieviel Platz er belegt.

In C weiß er das in der Regel dann, wenn er die Anfangsadresse und die Bezeichnung für den Typ kennt. Das gilt z.B. für Einzelzeichen (1 Byte), ganze Zahlen (2 oder 4 Byte) oder Gleitpunktzahlen (4 oder 8 Byte). Bei einer Kette von Zeichen, einem String, gibt es jedoch keine feste Länge - es sei denn, sie wäre von vornherein festgelegt. In solch einem Falle benötigt der Computer eine Marke, die ihm eindeutig das Ende des Strings anzeigt.

11.2 Bestimmt oder unbestimmt

Wenn Sie sich noch an Ihr erstes Programmbeispiel erinnern, dann fällt Ihnen vielleicht auch wieder ein, daß wir die Variable "Sprache" so vereinbart haben:

```
char Sprache[10];
```

An den eckigen Klammern erkennt der Computer, daß es sich nicht um ein einzelnes Zeichen, sondern um eine Kette (bzw. ein Feld) von Zeichen handelt. Eine andere, neue Möglichkeit wäre die Weglassung der Längenangabe:

```
char Sprache[];
```

Der Unterschied zwischen beiden Vereinbarungen besteht darin, daß im ersten Falle die maximale Länge der Zeichenkette festgelegt ist - in diesem Falle auf 10 Zeichen. Im zweiten Falle (bei den leeren Klammern) ist diese Maximallänge unbestimmt, der String also theoretisch unendlich lang.

Ist die Länge unbestimmt, so kann die String-Variable nichts besseres als die Adresse enthalten, an der die Zeichenkette abgelegt ist bzw. werden soll. Die Variable "Sprache" wäre also ein Zeiger auf die Stelle, an der die Zeichenkette liegt. Aus diesem Grunde könnten wir auch statt

```
char Sprache[];

char *Sprache;
```

vereinbaren. Sie erinnern sich, daß dieses Zeichen dazu diente, einen Zeiger zu kennzeichnen? Die Länge eines solchen Zeigers ist immer die gleiche, enthält er doch nur eine Adresse. In Turbo C haben Sie die Wahl: Je nach Adressierungsart sind das 2 oder 4 Byte - siehe auch Handbuch.

Wie lang aber ist der String, auf den der Zeiger "Sprache" verweist? Steht in den eckigen Klammern eine Zahl, so ist der Fall auch für den Computer klar: Er reserviert 10 Speicherplätze für eine Zeichenkette. Um auf das Bild von der Straße zurückzukommen: Er legt 10 Häuser als bereits vermietet fest. Damit ist die Variable "Sprache" eindeutig definiert.

Sind die eckigen Klammern leer, oder hat die Variable ein vorangestelltes Sternchen, so nimmt der Turbo-Computer erst einmal nur zur Kenntnis, daß mit einer Zeichenkette zu rechnen ist. Er registriert also nur, daß (demnächst) ein unbestimmte Anzahl von Mietern zu erwarten ist. Mehr kann er noch nicht tun, denn wie soll er Speicherplatz bereitstellen, wenn er nicht weiß, wieviel? Damit ist die Variable "Sprache" (nur) deklariert.

11.3 Endmarke

Wird nun beispielsweise über eine "scanf"-Anweisung für "Sprache" eine Zeichenkette eingegeben, so "organisiert" auch der Computer Platz in seinem Speicher. Er zählt aber nicht etwa die Zeichen mit, sondern versieht die eingegebene Kette mit einer Endmarke! Diese Marke ist das "Nullzeichen" und über die Tastatur nicht darstellbar, also ein auf dem Bildschirm "unsichtbares" Zeichen. Daher wird es als Code 0 vom Typ "char" (1 Byte!) oder in dieser Form dargestellt:

'\0'

Sie dürfen das aber nicht mit dem Zeichen '0' verwechseln, denn '\0' hat den Code 0, aber '0' hat den Code 48.

Um im Bild zu bleiben, handelt es sich hier also um ein leerstehendes Haus, in dem (vorläufig) niemand wohnen darf! Mit dieser Endmarke versieht der Computer jeden String. Denn wenn er auch bei einer Definition einer Variablen (z.B. "Sprache" mit 10 Zeichen) Speicherplatz bereitstellt, so merkt er sich nicht die Stringlänge. Für ihn ist ein String in jedem Falle da zu Ende, wo ein "leeres Haus", also das Zeichen "\0" steht! Maximale und tatsächliche String-Länge sind also nicht das gleiche!

Das alles bedeutet also, daß Sie für eine Zeichenkette immer einen Speicherplatz mehr (!) reservieren lassen müssen: Soll eine Kette z.B. aus 10 (sichtbaren) Zeichen bestehen, so muß Platz für 11 bereitstehen! Wenn Sie hierzu noch einmal eine Kurzform des "Hallo"-Programms aus dem 4. Kapitel ansehen wollen:

```
main ()   /* Hallo */

{
   char  Name[11], Antwort[11];

   printf ("Hallo, wie heißt du? ");
   scanf  ("%10s", Name);

   printf ("%s, geht es dir gut (j/n)? ", Name);
   scanf  ("%10s", Antwort);
```

Strings und Zeiger

```
    if (Antwort[0] == 'j')
        printf ("Das freut mich!");
    else
        printf ("Hoffentlich bessert es sich!");
}
```

Die beiden "scanf"-Befehle nehmen bereitwillig jeweils 10 Zeichen Ihrer Eingabe entgegen. Damit diese 10 Zeichen auch in der vereinbarten Kette untergebracht werden, muß noch ein 11. Platz für die Endmarkierung frei sein. Daher wurden die beiden Strings elfstellig vereinbart.

Weil Sie experimentierfreudig sind, haben Sie meine Aussage gleich überprüft und festgestellt, daß das Programm auch läuft, wenn Sie nur "char Name[10];" vereinbaren. Habe ich also unrecht? Wie wäre es mit dieser Programmänderung:

```
main ()   /* Hallo */
{
    char Name[10];

    printf ("Hallo, wie heißt du?\n");
    scanf ("%s", Name);
    printf ("%s, hoffentlich geht es dir gut!", Name);
}
```

Nehmen wir an, Sie geben einen Namen ein, der deutlich länger als 10 Zeichen ist! Zu Ihrer Freude (?) wird dieser Name auch wieder ausgegeben. Das heißt: Trotz der vereinbarten 10 Zeichen ist Ihr String tatsächlich um einiges länger als 10 Zeichen! Der Computer hat demnach erheblich mehr Speicherplätze mit (neuen) Zeichen gefüllt als reserviert waren!

11.4 Endlos-Ketten?

In unserem Straßenbild bedeutet das Aufruhr: Da sind nämlich nicht nur in die dafür vorgesehenen Häuser neue Mieter eingezogen, sondern in einige benachbarte Häuser auch! Und die bisherigen Mieter dieser Häuser stehen nun auf der Straße! Aufruhr gibt es möglicherweise auch im Computer: Es wurden nämlich Daten gelöscht (= "vertriebene Mieter") und durch andere überschrieben. Wenn Sie Pech haben, liegen dort wichtige Betriebsdaten des Computers. Und was das für Folgen hat, ist nicht absehbar! Das Betriebssystem quittiert Ihnen das möglicherweise mit einer Fehlermeldung am Programmende.

Das Ganze kann auch eine Zeit lang gut gehen (haben Sie das Beispiel schon ausprobiert?) Irgendwann, wenn Sie nicht mehr damit rechnen, werden gerade die Speicherinhalte benötigt, die inzwischen durch andere überschrieben sind. Und Sie schimpfen auf Turbo C, vermuten vielleicht Fehler im Betriebssystem oder in der Hardware des Computers. Handelt es sich dann um ein umfangreicheres Programm, das Sie schon vor längerer Zeit fertiggestellt haben, dann müssen Sie sich erst wieder mühselig in seine Struktur hineindenken, ehe Sie den Fehler finden - wenn Sie ihn finden!

Stellen Sie sich also nicht darauf ein, daß der Turbo-Compiler vereinbarte Längen überprüft: Sie dürfen auch jede beliebige Länge vereinbaren, selbst wenn sie den maximal im Computer verfügbaren Speicherplatz weit übersteigt! Ihr Compiler läßt Ihnen hier viel Freiheit - auch Narrenfreiheit! Seien Sie also auf der Hut, und beugen Sie vor! Wie Sie an dieser Variante sehen können, kann man Vorsicht aber auch übertreiben:

```
main ()   /* Hallo */

{
    char  Name[10];

    printf ("Hallo, wie heißt du?\n");
    scanf  ("%1s", Name);
    printf ("%10s, hoffentlich geht es dir gut!", Name);
}
```

Hier wird zwar nichts überschrieben, jedoch mutwillig Speicherplatz verschenkt! Ihnen liegt schon längst die Frage auf der Zunge: Wozu das Ganze, wenn man Strings auch mit unbestimmter Länge vereinbaren kann? Wandeln wir doch das "Hallo"-Programm so um:

Strings und Zeiger

```
    char *Name, *Antwort;

    main ()   /* Hallo */

    {
      printf ("Hallo, wie heißt du? ");
      scanf  ("%s", Name);
      printf ("%s, geht es dir gut (j/n)? ", Name);
      scanf  ("%s", Antwort);
      if (Antwort[0] == 'j')
         printf ("Das freut mich, %s!", Name);
      else
         printf ("Hoffentlich bessert es sich, %s!", Name);
    }
```

Statt der leeren eckigen Klammern habe ich mich gleich für die Sternchen entschieden. Zufriedenstellend läuft das Programm jedoch nicht: Wo ist denn der "Name" geblieben, nachdem eine "Antwort" eingegeben wurde? Ist das aber wirklich so seltsam? Eine Vereinbarung mit unbestimmter Länge bedeutet nicht auch Reservierung von Speicherplatz! Der wird erst belegt, wenn der String seine Zeichen erhält. Und offensichtlich behält der eine String - mit unbestimmter Länge - (hier) seine Zeichen auch nur bis zur Eingabe des nächsten.

Eine unsichere Sache, finden Sie nicht? Das ist ja wie bei vollen Eisenbahnabteilen, wenn man gerade einen Sitzplatz ergattert hat: Man fährt dann in der Hoffnung, daß keiner kommt und diesen Platz beansprucht, weil er ihn hat reservieren lassen. Auch wenn Sie sich damit festlegen: Meist ist eine Reservierung in solchen Fällen doch besser!

11.5 Vergleichen von Strings

Bisher habe ich mich recht geschickt um das Vergleichen (und das Zuweisen) von Zeichenketten "herumgedrückt". Vielleicht ist es Ihnen gar nicht aufgefallen? Rufen Sie sich bitte noch einmal Ihr allererstes Programm in Erinnerung:

```
main ()

{
  char    Sprache[10];

  printf ("Welche Sprache sprichst du?\n");
  scanf  ("%s", Sprache);
  printf ("Du sprichst also %s", Sprache);
}
```

Und jetzt erweitern Sie es so:

```
main ()

{
  char    Sprache[10];

  printf ("Welche Sprache sprichst du?\n");
  scanf  ("%s", Sprache);
  if (Sprache == "C")
    printf ("Du sprichst also auch %s!", Sprache);
  else
    printf ("Diese Sprache kenne ich nicht!");
}
```

Probieren Sie aus, ob es läuft! Der Compiler hat nichts am Programm auszusetzen. Ein Lauf aber bringt nicht das gewünschte Ergebnis; jedesmal - auch bei Eingabe von "C" - wird nur der "else"-Zweig abgearbeitet: Der Computer behauptet einfach, er kenne "C" nicht! Ob es daran liegt, daß der String "C" nur aus einem einzelnen Zeichen besteht?

```
main ()

{
  char    Sprache[10];

  printf ("Welche Sprache sprichst du?\n");
  scanf  ("%s", Sprache);
  if (Sprache == 'C')
    printf ("Du sprichst also auch %s!", Sprache);
  else
    printf ("Diese Sprache kenne ich nicht!");
}
```

Jetzt spielt der Turbo-Compiler nicht mehr mit: Er kommt mit dem Vergleich überhaupt nicht zurecht und gibt eine Warnung aus, die darauf hinweist, daß ein "pointer" mit einem "Nichtzeiger" verglichen wird! Eigentlich kein Wunder: Rechts vom Vergleichsoperator steht ein Einzelzeichen. Links steht eine Variable, die wir als String vereinbart haben. Das bedeutet aber, daß "Sprache" als Zeiger gilt, der eine Adresse enthält. Wollen Sie es dem Turbo-Compiler da übelnehmen, daß ihm ein Vergleich zwischen einer Adresse und einem Zeichen nicht gefällt? Links muß ebenfalls ein Zeichen stehen (oder rechts ein Zeiger):

```
main ()

{
  char    Sprache[10];

  printf ("Welche Sprache sprichst du?\n");
  scanf ("%s", Sprache);
  if (Sprache[0] == 'C')
    printf ("Du sprichst also auch %s!", Sprache);
  else
    printf ("Diese Sprache kenne ich nicht!");
}
```

Und jetzt endlich läuft es! Da haben wir aber Glück gehabt, daß die Sprache C uns (mit ihrem Namen) so weit entgegenkommt! Was aber, wenn es wirklich um Zeichenketten von größerer - beliebiger! - Länge geht? Probieren Sie es doch einmal mit dem Vergleich

```
Sprache == "Turbo C"
```

aus! Funktioniert es nicht? Die C-Operatoren ermöglichen eben nur Vergleiche von Variablenwerten, deren Länge vom Typ her von vornherein eindeutig feststeht. Das ist ja bei sogenannten einfachen Datentypen wie z.B. "char", "int" und "float" der Fall. Ein String jedoch ist eine Kette von (einfachen) Datentypen, nämlich "char", also ein sogenannter zusammengesetzter Datentyp. Offenbar bleibt uns da nichts anderes übrig, als zeichenweise zu vergleichen.

11.6 Gleich oder ungleich?

Begeistert sehen Sie wahrscheinlich jetzt nicht aus! Und falls Sie eine der zahlreichen BASIC-Versionen oder auch (Turbo) Pascal kennen, werden Sie den Kopf schütteln. Da nämlich ist die Behandlung von Strings recht bequem: Bei einem Vergleich zwischen Strings können problemlos die Vergleichsoperatoren eingesetzt werden. Auch Zuweisungen oder Verkettungen von Strings sind unkompliziert.

Welch ein Trost ist es da zu wissen, daß Turbo C in seinen Bibliotheken Funktionen für die String-Verarbeitung bereithält. Diese sind natürlich in C vereinbart - wie so viele andere Bibliotheksfunktionen auch. Wenn Sie sich an die entsprechenden Funktionen in Turbo C gewöhnt haben, wird Ihnen auch die Stringverarbeitung nicht mehr allzu schwierig vorkommen.

Für einen hier nötigen Vergleich von Zeichenketten könnten Sie die entsprechende Funktion "strcmp" (= "StringCompare") einfach aus der Include-Datei "string.h" übernehmen. Sie haben aber gewiß mehr davon, wenn Sie sich ansehen, wie eine solche String-Vergleichsfunktion aussehen könnte:

```
int StringVergleich (char *String1, char *String2)

{
  int i = 0;

  while (String1[i] == String2[i])
  {
    if (String1[i] == '\0')
      return (0);
    i++;
  }
  return (String1[i] - String2[i]);
}
```

Hier könnten Sie auch die Parametervereinbarung "char *String1, char *String2" durch "char String1[], char String2[]" ersetzen. Einige Erläuterungen sind wohl nötig:

Strings und Zeiger

Eine Vereinbarung der Parameter "String1" und "String2" mit unbestimmter Länge ist hier deshalb angebracht, weil diese Funktion ja den Vergleich von Zeichenketten beliebiger Länge ermöglichen soll. Die Funktion vergleicht übrigens nicht nur auf Gleichheit, sondern auch auf Ungleichheit: Die "while"-Schleife wird durchlaufen, solange das i-te Zeichen des ersten und des zweiten Strings gleich sind.

Innerhalb der Schleife wird bei jedem Zeichen überprüft, ob es die Endmarke ist. Wenn ja, sind beide Strings gleich. Und die Funktion erhält den "return"-Wert 0. Daß nach jeder Überprüfung die Stelle i inkrementiert werden muß, versteht sich von selbst. Sind zwei verglichene Zeichen ungleich, so gibt die Funktion eine positive oder negative Zahl zurück - je nachdem, welcher der beiden Strings in der ASCII/IBM-Ordnung der größere bzw. kleinere ist.

Sie können das überprüfen, indem Sie diese Funktion in einer Hauptfunktion einsetzen. Wenn Sie wollen, könnten Sie an dieser Stelle - und sei es nur zur Übung - wieder einmal ein Project-File erstellen. Vielleicht erinnern Sie sich noch: Zuerst kommt die Projektliste - sagen wir bestehend aus:

    STRVGL.H

und

    VERGLEICH.C

Über <P> bzw. "Project" und nochmal <P> bzw. "Project name" legen Sie den Projektnamen fest (denken Sie an die Endung ".PRJ"!). Dann können Sie es laufen lassen. Und nun zur Hauptfunktion "Vergleich.C":

```
main ()

{
  char Wort1[11], Wort2[11];
  int  Unterschied;

  printf ("Stichwort 1: ");
  scanf  ("%10s", Wort1);

  printf ("Stichwort 2: ");
  scanf  ("%10s", Wort2);

  Unterschied = StringVergleich (Wort1, Wort2);

  if (!Unterschied)
    printf ("Die beiden Wörter sind gleich!");

  if (Unterschied > 0)
    printf ("%s ist größer als %s",  Wort1, Wort2);

  if (Unterschied < 0)
    printf ("%s ist kleiner als %s", Wort1, Wort2);
}
```

Auch hier sollten Sie einmal den Versuch machen, die Variablen "Wort1" und "Wort2" - lokal oder global - durch "char *Wort1, *Wort2;" als Strings mit unbestimmter Länge zu vereinbaren. Funktioniert es immer noch?

11.7 String-Manipulationen

Was für den Vergleich zweier Zeichenketten gilt, ist auch für die Zuweisung einer String-Variablen an eine andere gültig. Als aufmerksamer Leser werden Sie jetzt einwenden, daß String-Variablen doch Zeiger sind und somit nur Adressen enthalten. Daß ein Vergleich von Adressen kein String-Vergleich ist, leuchtet Ihnen ja ein; aber Adressen müßte man doch eigentlich zuweisen können! Dann würden nämlich zwei Zeiger auf dieselbe Kette zeigen - und mehr wollten wir doch eigentlich gar nicht. Versuchen wir dies also:

Strings und Zeiger

```
main ()

{
  char Wort1[11], Wort2[11];

  printf ("Sag nur ein Wort: ");
  scanf  ("%10s", Wort1);

  Wort2 = Wort1;
  printf ("Sagtest du %s?", Wort2);
}
```

Schade, dem Turbo-Compiler paßt das nicht! So bleibt uns wohl nichts anderes übrig, als die Kette selbst zu kopieren! Und dies geht wieder nur zeichenweise. Sehen Sie sich diese Funktion an:

```
char *kopiere_String (char zu[], char von[])

{
  int i = 0;

  while (von[i] != '\0')
  {
    zu[i] = von [i];
    i++;
  }
}
```

Schauen Sie genau hin: Solange das Zeichen der zu kopierenden Kette "von[i]" nicht die Endmarke des Strings ist, wird zugewiesen und inkrementiert. Das läßt sich noch knapper formulieren, wenn man weiß, daß eine Bedingung erfüllt ist, solange sie nicht Null ist! Das Zeichen '\0' aber, die Endmarkierung für einen String, hat den Code 0, entspricht also der Zahl 0! Und so können wir schreiben:

```
char *kopiere_String (char zu[], char von[])

{
  int i = 0;

  while (von[i])
  {
```

```
    zu[i] = von [i];
    i++;
  }
}
```

Und wenn wir jetzt noch die Möglichkeit mit einbeziehen, daß sich auch Zuweisungen in Bedingungen packen lassen, verkürzt sich das zu:

```
char *kopiere_String (char zu[], char von[])

{
  int i = 0;

  while (zu[i] = von[i])
    i++;
}
```

Solange die Zuweisung keine 0 ergibt - also das Zeichen '\0' nicht vorkommt, ist die Bedingung erfüllt. Und nun ändern Sie das obige Programmbeispiel ("Sag nur...") folgendermaßen um, und lassen Sie es laufen:

```
main ()

{
  char Wort1[11], Wort2[11];

  printf ("Sag nur ein Wort: ");
  scanf  ("%10s", Wort1);

  kopiere_String (Wort2, Wort1);
  printf ("Sagtest du %s?", Wort2);
}
```

Sie finden diese Funktion in der Datei "string.h" unter dem Namen "strcpy" (= "StringCopy"). Zum Warmbleiben gleich ein weiteres Beispiel:

Strings und Zeiger

```
main ()

{
    char Name0[21], Name1[11];
    int  Laenge;

    printf ("Name?    ");
    scanf  ("%10s", Name1);

    printf ("Vorname? ");
    scanf  ("%10s", Name0);

    strcat (Name0, " ");
    strcat (Name0, Name1);
    printf ("%s, bist du's tatsächlich?", Name0);

    Laenge = strlen (Name0);
    if (Laenge > 15)
       printf ("\nUnd so'n langer Name!");
}
```

Sie haben natürlich gleich herausgefunden, daß "strcat" (="StringConcatenate") eine Zeichenkette an eine andere anhängt. Dann müßten Sie eigentlich auch verstehen, warum "Name0" und "Name1" mit verschiedenen Längen vereinbart wurden. Und daß "strlen" (= "StringLength") die Länge eines Strings ermittelt, war Ihnen sowieso klar.

Wenn Sie wissen wollen, was es noch an String-Funktionen in der "string.h"-Datei von Turbo C gibt, dann müssen Sie schon selbst hineinschauen und/oder die Turbo-Handbücher bemühen.

11.8 Nochmal Zeiger und Adressen

Der Umgang mit Zeigern ist Ihnen noch immer nicht geheuer? Dabei hatten Sie doch bisher fast ständig mit Zeigern zu tun! Das erste Mal haben Sie von Zeigern gehört, als es um die Vereinbarung von Zeichenketten ging. Die "scanf"-Anweisung hat Sie gezwungen, auch mit anderen Zeigertypen Bekanntschaft zu machen: So enthält z.B. "&x" die Adresse einer Variablen "x".

Und diese Variable kann vom Typ "char" oder "int" oder "float" sein. (Oder von einem beliebigen anderen einfachen Datentyp.)

Bei unseren Versuchen, Parameter an eine Funktion zu übergeben und ihren Wert verändert zurückzuerhalten, haben Sie auch die "Umkehrung" kennengelernt: So finden Sie ja z.B. in "*z" den Wert einer Variablen, auf die "z" zeigt. Sie können Adressen und Werte auch so zuweisen:

```
Adresse_von_x       =   &x;
Wert_auf_den_z_zeigt =  *z;
```

Oder:

```
z = &x;
x = *z;
```

Ein kurzes Programmbeispiel soll dies näher verdeutlichen:

```
main ()

{
    int x, y, *z;

    printf ("z zeigt auf x\n\n");

    x = 11;
    z = &x;

    printf ("Adresse von x: %d\n", z);
    printf ("Wert    von x: %d\n", x);

    y = *z;
    *z = 9;

    printf ("Wert    von y: %d\n", y);
    printf ("Wert    von x: %d\n", x);
}
```

Wie Sie sehen können, entspricht die Zuweisung "y = *z;" ganz der Zuweisung "y = x;". Der Wert von "x" wurde somit indirekt der Variablen "y" zugewiesen. Ein wenig überraschend ist aber, daß die Variable "x" ohne ihre direkte Beteiligung geändert werden kann: Die Zuweisung:

Strings und Zeiger 199

```
     *z = 9;
```
ist der Zuweisung

```
     x = 9;
```
also ebenbürtig! Hier wurde der Wert 9 indirekt der Variablen "x" zugewiesen. Sie meinen: Ist ja ganz lustig, diese Zeigerarithmetik, aber wozu soll ich mich damit herumschlagen, wenn ich auch direkt zuweisen und "operieren" kann? Schließlich haben Sie sich bereits damit abfinden müssen, daß die Eingabefunktion "scanf" Adressen fordert; ein Umstand, den Sie wahrscheinlich des öfteren vergessen haben und der Ihnen daher meist nur Ärger eingebracht hat! Und falls Sie bisher in Pascal oder BASIC programmiert haben, so sind Sie doch dort ohne Zeiger (mehr oder minder) glänzend ausgekommen.

Es ist an dieser Stelle schwierig, Sie von der Nützlichkeit der Zeiger (oder Pointer) zu überzeugen. Denn erst bei größeren Projekten ist oft gerade der Einsatz von Zeigern sehr effizient und erzeugt kompakte und schnelle Programme. Immerhin kommt das der Arbeitsweise des Computers sehr entgegen, denn Sie wissen ja, daß der gern mit Adressen hantiert. Wie gefällt Ihnen folgende Abwandlung des obenstehenden Beispiels für die Zuweisung von Strings?

```
main ()

{
   char Wort1[11], *Wort2;

   printf ("Sag nur ein Wort: ");
   scanf  ("%10s", Wort1);

   Wort2 = Wort1;
   printf ("Sagtest du %s?", Wort2);
}
```

Eine Zuweisung von Zeigern (Adressen) ist also möglich! Und wozu dann die "strcpy"-Funktion? Denken Sie an die "Tücken" der unbestimmten Länge von Strings? Wenn Sie wollen, experimentieren Sie! (Sichern Sie sich aber zuvor mit Hilfe der eingestellten "Autosave"-Option ab!) Wenden wir uns zum Schluß noch einmal der "kopiere"-Funktion selbst zu. So sieht die letzte Fassung von oben als reine Zeigerversion aus:

```
char *kopiere_String (char *zu, char *von)
{
  while (*zu = *von)
  {
    zu++;
    von++;
  }
}
```

Hier werden die Zeiger auf die betreffenden Zeichenketten also bei jedem Kopiervorgang um eine Stelle weiterbewegt. Diese Version läßt sich noch kompakter formulieren:

```
char *kopiere_String (char *zu, char *von)
{
  while (*zu++ = *von++)
  ;
}
```

Daß das funktioniert, können Sie überprüfen. Wie es funktioniert, das dürfen Sie selbst herausknobeln!

11.9 Zusammenfassung

Die Zeiger sind Ihnen wahrscheinlich ein wenig unheimlich geblieben. Die String-Operationen in C sind auch nicht gerade die bequemsten (und Turbo C macht da auch keine Ausnahme). Ich kann Sie bestenfalls damit trösten, daß viel, viel Übung und risikoreiches Experimentieren - einschließlich einer Menge von Abstürzen - ein wenig mehr "Licht in dieses Dunkel" bringen könnte.

Behalten haben Sie (trotz alledem), daß die Vereinbarung:

```
<Typ> <Name>[<Länge>];
```

Strings und Zeiger

eine Definition ist: Der Name der Variablen ist bekannt, Speicherplatz mit gegebener Länge ist reserviert. Es wird allerdings in C nicht überprüft, ob dieser Platz auch tatsächlich vorhanden ist!

Sie wissen, daß die Vereinbarung

```
<Typ> <Name>[];
```

bzw.

```
<Typ> *<Name>;
```

eine Deklaration ist: Der Name der Variablen ist bekannt, Speicherplatz wird nicht reserviert, die Länge ist unbestimmt.

Die Zeigeroperatoren "&" für die Adresse einer Variablen und "*" für den Wert, auf den gezeigt wird, wollte ich nur noch einmal erwähnt haben. Neu sind Ihnen folgende String-Funktionen (vgl. die Include-Datei "string.h"):

strcpy	Kopieren (Zuweisen) von Strings
strcmp = 0 < 0 > 0	Vergleichen von Strings: Strings sind gleich; erster String ist kleiner; erster String ist größer.
strcat	Verketten von Strings (Achtung: Veränderte Länge!)
strlen	Länge eines Strings

12. Felder und Strukturen

Im vorletzten Kapitel habe ich vom Computer als Instrument zur Verarbeitung von Daten gesprochen. Grundsätzlich gibt es ja nur zwei Datentypen: die Zeichen und die Zahlen. Alles andere sind aus diesen einfachen Elementen zusammengesetzte Typen. Ein von mir oft und nun schon wieder verwendetes Beispiel ist der String - ein aus (einzelnen) Zeichen zusammengesetzter Datentyp, auch Zeichenkette oder Zeichenfeld genannt. Aber es gibt ja natürlich auch Felder von ganzen oder Gleitpunktzahlen. Und es gibt auch Felder von Strings, also Felder von Feldern.

12.1 Datenfelder

In BASIC können Felder mit "DIM" (="Dimension") vereinbart werden, in Pascal geht das mit "ARRAY". In C gibt es dafür keinen speziellen Vereinbarungsnamen, hier genügen als Vereinbarungszeichen die eckigen Klammern. In C haben Felder in aller Regel auch etwas mit Zeigern zu tun. Unabhängig davon, wie Felder in den verschiedenen Sprachen genannt und gehandhabt werden: Die meisten Programme kommen gar nicht ohne Datenfelder aus.

Das einfachste Feld ist die Kette, auch Vektor genannt. Man spricht hier auch von eindimensionalen Feldern. (Beispiel dafür sind - wieder mal - die Strings...) Ein Beispiel für mehrdimensionale Felder sind Tabellen aller Art, ob mit Zahlenkolonnen für die Kalkulation, Ergebnissen von Sportereignissen "Wer gegen wen", ob als Stundenpläne in der Schule oder als Kalender. Auch dieses Buch mit all seinen Seiten von Zeilen von Zeichen ist solch ein Beispiel.

In vielen Fällen handelt es sich also um "Flächen", auf denen etwas abgelegt bzw. gespeichert wird. Aber nicht selten sind auch mehr als zweidimensionale Datentypen üblich. Im Speicher des Computers jedoch wird alles fein in einer Reihe hintereinander abgelegt: Für den Computer gibt es also nur eine einzige Dimension. Die scheinbare Mehrdimensionalität wird durch

Markierungen der jeweiligen Feldgrenzen hergestellt. Und Sie raten richtig, wenn Sie vermuten, daß dies wieder etwas mit Zeigern zu tun hat.

Schauen wir uns eine solche Feldvereinbarung näher an! Ein einfaches Beispiel wäre die Vereinbarung einer Wörterliste:

```
char Wort[100][10];
```

Damit ist eine Feldvariable "Wort" definiert und Platz für 100 Strings mit je 10 Zeichen Länge reserviert. Flexibler wäre es, die Strings mit unbestimmter Länge zu vereinbaren:

```
char Wort[100][];
```

oder

```
char *Wort[100];
```

Denn Sie wollen ja nicht immerzu gleichlange Wörter eingeben. Für Wörter jedoch, die kürzer sind als vereinbart, verschwenden Sie bei fester Länge Speicherplatz. Wenn Sie sich auch bei der Anzahl der Wörter nicht festlegen wollen, so gäbe es schließlich auch noch diese Möglichkeiten:

```
char Wort[][];
```

oder

```
char *Wort[];
```

oder

```
char **Wort;
```

Ihnen ist jedoch bekannt, daß nunmehr keinerlei Platz reserviert ist. Daher ist die Handhabung so vereinbarter Felder nicht unproblematisch. Sie können die Unterschiede zwischen den verschiedenen Vereinbarungen erleben, wenn Sie diese in einem Programmbeispiel wie dem folgenden verwenden:

Felder und Strukturen

```
/* !Hier muß die Vereinbarung des Wortfeldes stehen! */

main ()

{
  int i;

  for (i = 0; i < 10; i++)
  {
    printf ("%d. Wort: ", i);
    scanf  ("%s", Wort[i]);
  }

  for (i = 0; i < 10; i++)
  {
    printf ("%d. Wort: "%s\n", i, Wort[i]);
  }
}
```

Sie sehen, daß es gut geht, solange die Feldmaße fest definiert sind; ansonsten ereignen sich verwirrende Dinge bis hin zum Ausstieg des Programms. Und wenn es schließlich nur noch um unbestimmte Maße geht, akzeptiert auch der Turbo-Compiler das Programm in der obigen Form nicht mehr.

Mit Zeigern ist also nicht zu spaßen! Zeiger müssen nämlich (mit) bewegt werden, damit sie auch immer auf die richtigen Stellen (Adressen) zeigen. Zunächst müßte die Anfangsaresse markiert werden. Bei der Eingabe müßte dann der Zeiger Wort-Länge um Wort-Länge vorrücken. Vor der Ausgabe müßte die Adresse wieder auf den Anfang gesetzt und anschließend wieder der Zeiger Länge um Länge weiterbewegt werden.

12.2 Datenvielfalt

Nun aber erst einmal Schluß mit den Zeigern! Wir sollten jetzt ein konkretes Beispiel für ein Datenfeld (oder "Datenblatt") ins Auge fassen. Ein aktuelles Thema ist (immer wieder) der Gebrauch und Mißbrauch von persönlichen Daten. Auch mit Ihrem PC können Sie eine ganze Menge solcher Daten zusammentragen, sie speichern und nach bestimmten Kriterien verwalten. Welche möglichen Daten über eine Person kommen denn in Betracht? Dazu gehören zunächst mindestens

> Name, Vorname und Adresse.

Außerdem von Interesse könnten - je nach Interessent - sein:

> Telefon, Geschlecht, Alter, Beruf,
> Lebenslauf, familiäre Verhältnisse,
> Ausbildung, finanzielle Verhältnisse,
> politische oder Vereinstätigkeiten,
> polizeiliche Führung,
> gesundheitliche Verfassung,
> und und und ...

Sie sehen, daß der Vielfalt offenbar kein Ende gesetzt ist! Beschränken Sie sich zunächst auf die "Dimensionierung" von:

> Name,   Vorname,
> Straße,   Nummer,
> Post_LZ, Wohnort,

dann könnten Sie zum Beispiel vereinbaren:

```
char Name[11];
char Vorname[11];
char Strasse[11];
int  Nummer;
int  Post_LZ;
char Wohnort[11];
```

Vielleicht genügt Ihnen aber auch die Vereinbarung

```
char Personalien[6][11];
```

- wenn Sie alle Daten als Strings behandeln und für alle eine mögliche Maximallänge festlegen. Wir unterscheiden also zwischen zwei grundsätzlichen Möglichkeiten einer Vereinbarung von Datensätzen: Entweder es wird alles an (möglichen) Daten - gegebenenfalls mehrdimensional - in einem einzigen Feld gelagert. Oder sämtliche Daten werden differenziert auf entsprechend viele Felder verteilt.

Felder und Strukturen 207

Für den Anwender eines solchen Programms ist es im Grunde genommen völlig gleichgültig, wie seine Daten intern organisiert und verwaltet werden. Nicht aber für den Programmierer (also in diesem Falle für Sie!), der sein Programm möglichst fehlerfrei und überschaubar aufbauen möchte! Nehmen wir an, wir wollen einen Karteikasten oder Ordner mit 100 Karten anlegen. Im ersten Falle hätten wir sozusagen nur einen Kasten (mit Fächern), in dem alle 100 Blätter bzw. Karten untergebracht wären:

```
char Personalien[100] [6] [11];
```

So würde beim Sortieren oder auch Korrigieren "alles beisammen bleiben", da alle Vorgänge ja nur in einem Kasten stattfinden. Und ein Verfahren für Eingabe und Ausgabe von Daten dieses einen Ordners oder Karteikastens würden zwar eine doppelte Schleife benötigen, dafür wäre der eigentliche Anweisungsteil kurz und knapp:

```
char Personalien[100] [6] [11];

main ()         /* Alles in Einem */

{
  int  i,j;

  for  (i = 0; i < 100; i++)
    for (j = 0; j < 7;   j++)
    {
      scanf ("%s",  Personalien[i,j]);
      printf ("%s\n", Personalien[i,j]);
    }
}
```

Bei der zweiten Möglichkeit dagegen stehen uns mehrere Ordner oder Karteikästen zur Verfügung:

```
char Name[100] [11];
char Vorname[100] [11];
char Strasse[100] [11];
int  Nummer[100];
int  Post_LZ[100];
char Wohnort[100] [11];
```

Diese könnten alle in einem Regal nebeneinander stehen oder
auch in einem Raum verstreut herumliegen. Ihre Ordnung ist
also nicht festgelegt! Beim Sortier- und beim Korrekturvorgang
muß darauf geachtet werden, daß nichts "durcheinander" gerät,
da die Bearbeitung in allen Ordnern zugleich stattfinden muß.
Im Ein- und Ausgabe-Verfahren wäre nun eine längere Folge
von Anweisungen für alle Ordner oder Kästen nötig, wenn auch
nur in einer einzigen Schleife:

```
char Name[100][11];
char Vorname[100][11];
char Strasse[100][11];
int  Nummer[100];
int  Post_LZ[100];
char Wohnort[100][11];

main ()           /* Jedes in Einem */

{
  int  i;

  for (i = 0; i < 100; i++)
  {
    scanf  ("%s",       Name[i]);
    scanf  ("%s",       Vorname[i]);
    printf ("%s, %s\n", Name[i], Vorname[i]);
    scanf  ("%s",       Strasse[i]);
    scanf  ("%d",       &Nummer[i]);
    printf ("%s %d\n",  Strasse[i], Nummer[i]);
    scanf  ("%d",       &Post_LZ[i]);
    scanf  ("%s",       Wohnort[i]);
    printf ("%d %s\n",  Post_LZ[i], Wohnort[i]);
  }
}
```

12.3 Alles in allem...

Offensichtlich ist die erste der beiden Methoden, nämlich alles
an Daten in nur einen einzigen Kasten zu packen, der anderen
vorzuziehen: Sie ist in der Handhabung bequemer, das Programm
wird dadurch sogar kompakter. Unbequem aber empfinde ich
schon jetzt das Fehlen von "printf"-Anweisungen, die mir sagen,

Felder und Strukturen

welche Eingabe jeweils zu machen ist! Füge ich diese nämlich hinzu, so sehen beide Möglichkeiten nicht mehr allzu unterschiedlich aus.

Und mit wachsendem Umfang der Datenmenge und zunehmender Differenzierung der Datensätze wird ein einziger großer Kasten rasch immer unübersichtlicher. Stellen Sie sich zum Beispiel sämtliche obengenannten möglichen personenbezogenen Daten vor, und das für viele hundert, tausend, ja mehr Personen gelagert in nur einem einzigen riesigen "Behälter"!

Natürlich ist dort alles wohlgeordnet, und es ist so auch möglich, gezielt auf einzelne Daten zuzugreifen. Sie haben jedoch für sämtliche - doch zum Teil sehr unterschiedliche - Daten nur einen Oberbegriff ("Personalien"). Um jederzeit auch entschlüsseln zu können, was eigentlich was ist, benötigen Sie folglich zusätzliche Notizen. Die können Sie dann als handschriftlich angefertigte Zettel neben Ihrem Computer lagern. Oder Sie fügen erläuternde Kommentare in Ihr C-Programm ein, wodurch aber der Umfang Ihres Programmtextes unter Umständen beträchtlich zunimmt.

Wenn - im Idealfall - sich aber sämtliche Konstanten, Variablen, Verfahren schon durch ihren Namen weitgehend selbst erklären, so sind ergänzende Kommentare häufig überflüssig; zumindest können sie kurz und knapp gehalten sein. Ein solches Programm liest sich dann für Sie als Programmierer auch nach längerer Zeit noch verständlich. Demnach bliebe uns so noch die zweite Methode der "Datenverpackung", nämlich lieber einige bis viele schmalere Ordner bereitzustellen, jeder mit einem eigenen Namen darauf. Auf die Erfassung von Personendaten bezogen hieße das demnach, daß es einen Ordner für alle Namen, einen für alle Vornamen, also je einen für jeweils alle Daten einer Art geben müßte. Wollen Sie Daten einer Person löschen, die einer neuen Person einfügen, so müssen Sie darauf achten, daß das in allen anderen Ordnern mitberücksichtigt wird.

Ideal sind offenbar beide Möglichkeiten der Feld-Vereinbarung nicht. Sie sollten sich deshalb nicht damit abfinden, denn C hat Ihnen mehr als nur einfache Felder zu bieten. Damit Sie gleich sehen, was ich meine, hier eine weitere Möglichkeit, Ihre Daten zu erfassen:

```
struct DatenSatz
{
  char Name[11];
  char Vorname[11];
  char Strasse[11];
  int Nummer;
  int Post_LZ;
  char Wohnort[11];
};

struct DatenSatz Person[100];

main ()            /* Alles und Jedes */

{
  int i;

  for (i = 0; i < 100; i++)
  {
    scanf  ("%s",       Person[i].Name);
    scanf  ("%s",       Person[i].Vorname);
    printf ("%s, %s\n", Person[i].Name, Person[i].Vorname);
    scanf  ("%s",       Person[i].Strasse);
    scanf  ("%d",      &Person[i].Nummer);
    printf ("%s %d\n",  Person[i].Strasse, Person[i].Nummer);
    scanf  ("%d",      &Person[i].Post_LZ);
    scanf  ("%s",       Person[i].Wohnort);
    printf ("%d %s\n",  Person[i].Post_LZ, Person[i].Wohnort);
  }
}
```

12.4 Datenstrukturen

Schauen wir uns das näher an: Wir haben hier bei der Variablen "Person" ein eindimensionales Feld, also nur einen (großen) Behälter. Nur hat dieser jetzt nicht einfach nur Fächer, in die seine Daten eingeordnet sind, sondern nun sind es Schubladen, mit Namen beschriftet, die noch nicht einmal gleichen Typs sein müssen. Ein so vereinbarter "DatenSatz" kann also Daten in sich tragen, die selbst als verschiedene Typen vereinbart sind:

Felder und Strukturen

```
struct DatenSatz
{
  char Name[11];
  char Vorname[11];
  char Strasse[11];
  int  Nummer;
  int  Post_LZ;
  char Wohnort[11];
};
```

Und daraus wird dann so ein Feld:

```
struct DatenSatz Person[100];
```

Eine weitere Vereinbarungsform wäre auch:

```
struct
{
  char Name[11];
  char Vorname[11];
  char Strasse[11];
  int  Nummer;
  int  Post_LZ;
  char Wohnort[11];
} Person[100];
```

Achten Sie auf die Klammerung (je)der Struktur mit "{" und "}" und auf das abschließende Semikolon! Nach außen gilt "struct" als geschlossener Datentyp. Beim Sortieren oder beim Korrigieren in diesem Schubkasten kann daher auch nichts "auseinander gehen" - ein Vorteil, den auch der obengenannte ("gefächerte") Kasten schon hatte, nicht aber die einzelnen Ordner. Wie die Ordner aber sind auch die Schubladen "beschriftet" und verschaffen dem Programmierer so die gewünschte Übersicht.

Der Anweisungsteil ist leider eher noch umfangreicher geworden. Sie können auf die einzelnen Struktur-Komponenten zugreifen, indem Sie den Punkt-Operator (.) einsetzen. Daß es auch sowas in C gibt, dürfte Sie eigentlich nun nicht mehr in Erstaunen versetzen, denn Sie haben ja noch den Komma-Operator in Erinnerung.

Lästig ist die ständige Wiederholung von "Person"! Die Pascal-Experten unter Ihnen werden jetzt an "WITH" denken; aber mir ist leider nichts vergleichbares in C bekannt! In diesem Falle lindert die Abkürzung von "Person" auf "p" dieses Problem ein bißchen. So kämen Sie von:

```
Person[i].Name
```

auf

```
p[i].Name
```

Wenn Sie Ihren Programmtext entsprechend ändern wollen, so ist dies für mich eine günstige Gelegenheit, Ihnen wieder eine Erleichterung des Turbo-Editors näher zu bringen. Zuerst muß der Cursor am Anfang des betreffenden Programmblockes stehen. Dann betätigen Sie:

```
<CTRL>-Q-A
```

und Sie werden ganz oben im Editorfenster mit "Find: _" zur Eingabe des Textes aufgefordert, den Sie ändern wollen. In diesem Falle geben Sie "Person" ein und bestätigen dies durch <RETURN>. Als nächstes erscheint der Text "Replace with: _". Geben Sie das Ersatzwort - hier "p" - ein. Bei "Options" genügt der Buchstabe "g" - was bedeutet, daß er jedes einzelne gefundene Wort "Person" nun mit:

```
Replace (Y/N):_
```

abfragt. Wollen Sie ersetzen, so geben Sie "Y" ein, ansonsten antworten Sie mit "N". Abbrechen können Sie diesen Vorgang jederzeit mit <CTRL>-U, wiederholen bzw. fortsetzen mit <CTRL>-L. Wenn Sie nur etwas suchen, geben Sie statt <CTRL>-Q-A diesmal <CTRL>-Q-F ein. Weitere Informationen über diese und viele andere Editor-Funktionen erfahren Sie im Anhang A. Falls Sie von Zeigern nicht genug kriegen können, können Sie auch das Strukturen-Feld als Zeiger vereinbaren:

```
struct DatenSatz *p;
```

Bei einem Zugriff auf eine Komponente würde aus

Felder und Strukturen 213

dann
          p[i].Name

          (*p).Name .

Die Klammerung ist nötig, weil der Punkt-Operator stärker bindet als der Zeiger-Operator! Vielleicht empfinden Sie es als Erleichterung, daß Sie hier einen weiteren Operator verwenden können, der genau dieselbe Wirkung wie

          (*p).Name

hat:

          p->Name

Dieser Pfeil-Operator (->) kann aber nur bei Zeigervariablen verwendet werden!

12.5   Feld oder Zeiger?

Da ich nun doch einmal wieder auf die Zeiger gekommen bin, möchte ich Ihnen auch die folgende Programm-Variante nicht vorenthalten:

```
struct DatenSatz
{
  char Name[11];
  char Vorname[11];
  char Strasse[11];
  int  Nummer;
  int  Post_LZ;
  char Wohnort[11];
};

struct DatenSatz Person[100];
struct DatenSatz *p;

main ()          /* Feld oder Zeiger */

{
  int i;
```

```
      p = &Person;

/* -Eingabe über Feldvariable ---------------- */

   for (i = 0; i < 100; i++)
   {
     printf ("Name und Vorname:\n");
     scanf  ("%s",  Person[i].Name);
     scanf  ("%s",  Person[i].Vorname);
     printf ("Strasse und Hausnummer:\n");
     scanf  ("%s",  Person[i].Strasse);
     scanf  ("%d", &Person[i].Nummer);
     printf ("Postleitzahl und Wohnort:\n");
     scanf  ("%d", &Person[i].Post_LZ);
     scanf  ("%s",  Person[i].Wohnort);
   }

/* -Ausgabe über Zeigervariable -------------- */

   for (i = 0; i < 100; i++,p++)
   {
     printf ("Name    und  Vorname    : ");
     printf ("%s, %s\n", p->Name,    p->Vorname);
     printf ("Strasse und Hausnummer : ");
     printf ("%s %d\n",  p->Strasse, p->Nummer);
     printf ("PLZ     und  Wohnort    : ");
     printf ("%d %s\n",  p->Post_LZ, p->Wohnort);
   }
}
```

Es sollte nicht unerwähnt bleiben, daß Sie auch Strukturen verschachteln können:

```
    struct   Anschrift
    {
      char   Strasse[11];
      int    Nummer;
      int    Post_LZ;
      char   Wohnort[11];
    } ;

    struct   DatenSatz
    {
      char   Name[11];
```

```
    char    Vorname[11];

    struct Anschrift Adresse;
};
```

Dabei können Strukturen aber nicht sich selbst enthalten. Möglich jedoch sind Strukturen mit Zeigern auf sich selbst:

```
struct  DatenSatz
{
    char    Name[11];
    char    Vorname[11];

    struct Anschrift Adresse;
    struct DatenSatz *Zeiger;
};
```

Dadurch wird diese Datenstruktur rekursiv. Man kann mit solchen Strukturen z.B. verkettete Listen erzeugen. Verkettete Listen sind sehr flexibel, da die maximale Anzahl ihrer Elemente nicht von vornherein festgelegt sein muß. Eine solche Liste läßt sich fast beliebig verlängern, indem jedes neue Element einfach eingehängt wird. Falls Sie schon einmal Wäsche zum Trocknen über eine Leine aufgehängt haben, so kennen Sie vielleicht die Methode, die letzte Klammer für ein Wäschestück gleich auch als erste für das nächste mitzubenutzen: So ensteht eine geschlossene Reihe von zusammenhängenden Stücken.

Natürlich hinkt der Vergleich mit der Liste, denn das Zeigersystem ist viel flexibler als eine durchgezogene "Leine": Die Listenelemente müssen nämlich nicht schön in Reihe und Glied angeordnet sein, sondern sie können beliebig im Arbeitsspeicher Ihres Computers verteilt sein. Die Zeiger sind dann die Fäden, durch die alle Elemente miteinander verknüpft sind.

Bei verketteten Listen ist das Einfügen und Löschen von Elementen weniger aufwendig, weil es genügt, einfach nur Zeiger woanders hin zeigen zu lassen, während beim Feld ganze Blöcke verschoben werden müssen. So ist es durch Zeigervariablen unter anderem auch möglich, solche Listen mehrfach zu verketten, jeweils nach einer anderen Ordnung. Dies erleichtert bestimmte

Sortier- und Suchprozesse. Ich will auf dieses Thema nicht weiter eingehen und Ihnen und mir die dazu nötige Zeigerakrobatik jetzt ersparen.

12.6 Zusammenfassung

Sehr viel Neues ist es nicht, was in diesem Kapitel zusammenkommt. Mit Zeigern immer behutsam umzugehen, haben Sie nicht verlernt! Sie kennen jetzt als Mittel für die Verwaltung und die Aufbewahrung von Daten das Feld:

```
<Typ>   <Name>[<Länge1>][<Länge2>] ...;
```

definiert mit fester Länge bzw.

```
<Typ>   <Name>[] [] ...;
```

oder:

```
<Typ> *<Name> ...;
```

deklariert mit unbestimmter Länge. Sie kennen die Struktur:

```
struct <TypName>
{ <Komponente1>;
   ...
};

struct <Name>  <TypName>;
```

oder:

```
struct
{ <Komponente1>;
   ...
} <Name>;
```

Und Sie wissen, daß Sie Felder und Strukturen kombinieren können. Außerdem sind Ihnen bekannt: der Punkt-Operator

```
(.)
```

Felder und Strukturen 217

für die "struct"-Komponenten bei Feldvereinbarung sowie der Pfeil-Operator

        (->)

für die "struct"-Komponenten bei Zeigervereinbarung.

Schließlich kennen Sie einige weitere Editor-Optionen:

        <CTRL>-Q-F   zum Finden einer Textstelle
        <CTRL>-Q-A   zum Finden und Ersetzen eines Textes
        <CTRL>-U   zum Unterbrechen einer Operation
        <CTRL>-L   zum Wiederholen einer Operation

13. Daten-Verkehr

Mit der Eingabe und mit der Ausgabe von Daten - also Zeichen und Zahlen - haben wir uns bisher schon recht oft beschäftigt. Es gibt ja auch nahezu kein Programm, ob Anwendung oder Spiel, das auf diese Verfahren verzichten kann. So sind zum Beispiel die Eingabe von Text über die Tastatur und seine Ausgabe über den Bildschirm bei einem Textverarbeitungsprogramm eng miteinander verknüpft. Denn man will nicht nur ständig sehen, was man gerade tippt, sondern man will seinen Text auch jederzeit weiter bearbeiten können - hier etwas einfügen, dort etwas löschen.

Daß eine Eingabe losgelöst von der Ausgabe eigentlich häufig nicht allzu sinnvoll ist, würden Sie merken, wenn Ihre Eingabe über die Tasten auf einmal nicht mehr über den Bildschirm mitprotokolliert würde. Sie könnten dieses Echo nämlich auch abschalten, wenn Sie wollen. Vergleichen Sie z.B. die Funktionen "getch" und "getche". Wenn wir von Eingabe sprechen, denken wir als erstes an die Tastatur; reden wir von Ausgabe, so denken wir zuerst an den Bildschirm. Diese beiden Geräte sind denn auch der Ein-/Ausgabe-Standard. Die Kombination von beiden bezeichnet man auch als Terminal oder Konsole.

Daß es nicht die einzigen Geräte sind, auf die etwas ausgegeben bzw. von denen etwas eingelesen werden kann, wissen Sie: Ein oder zwei Diskettenlaufwerke bzw. eine Festplatte laufen ja seit Ihrem Einstieg in Turbo C ständig. Und was ist Laden anderes als Lesen, was ist Speichern anderes als Schreiben?

Zunehmend an Bedeutung gewinnt auch die "Maus", mit der man einen Zeiger (Cursor) auf dem Bildschirm steuern kann. Wenn Sie einen PC der neueren Generation besitzen, haben Sie mit diesem Eingabegerät schon ausgiebig Bekanntschaft gemacht. Und vielleicht haben Sie auch schon einen Drucker; dann verfügen Sie über ein weiteres Ausgabegerät.

13.1 Input/Output-Variationen

Die Funktionen "printf" und "scanf" sind offenbar nur geeignet, um Daten über die Standardgeräte Bildschirm und Tastatur zu transportieren. Trotzdem möchte ich jetzt noch einmal bei "printf" und "scanf" verweilen, da ich noch einiges zu diesen beiden Routinen nachzutragen habe. Ihnen sind bis jetzt die folgenden Formatstrings bekannt:

%d	Ein-/Ausgabe von ganzen Dezimalzahlen
%f	Ein-/Ausgabe von Gleitkommazahlen
%c	Ein-/Ausgabe von Einzelzeichen
%s	Ein-/Ausgabe von Zeichenketten
%%	(nur) Ausgabe von Prozentzeichen

Außerdem können Sie:

die Länge des Ein- oder Ausgabefeldes,
die Genauigkeit bei reellen Zahlen,
also die Stellen hinter dem Dezimalpunkt,

sowie

die Bündigkeit des Ausgabefeldes

festlegen. Der letzte Punkt bedarf einer Erläuterung. Versuchen Sie dazu dieses Programmbeispiel:

```
main ()

{
  float Zahl;

  printf ("Zahl        : ");
  scanf  ("%f", &Zahl);

  printf ("\n\n");
  printf ("Rechtsbündig :%20.2f:\n", Zahl);
  printf ("Linksbündig  :%-20.2f:\n", Zahl);
}
```

Wie Sie sehen, können Sie Zahlen nicht nur rechtsbündig, sondern auch linksbündig darstellen: Sie benötigen dazu nur ein kleines Minuszeichen. Weitere Möglichkeiten zur Darstellung einer Zahl vom Typ "int" oder "float" (oder "double") sehen Sie hier:

```
main ()

{
   int    Ganz;
   float  Zahl;

   printf ("Ganze Zahl          : ");
   scanf  ("%d", &Ganz);

   printf ("\n\n");
   printf ("Dezimal     (0,...,9)  : %d\n", Ganz);
   printf ("Oktal       (0,...,7)  : %o\n", Ganz);
   printf ("Hexadezimal (0,...,F)  : %x\n", Ganz);

   Ganz = (- Ganz);
   printf ("\n\n");
   printf ("Mit  Vorzeichen     : %d\n", Ganz);
   printf ("Ohne Vorzeichen     : %u\n", Ganz);

   printf ("\n\n");
   printf ("Float-Zahl          : ");
   scanf  ("%f", &Zahl);

   printf ("\n\n");
   printf ("Gleitpunkt- Darstellung : %f\n", Zahl);
   printf ("Exponential-Darstellung : %e\n", Zahl);
   printf ("Kürzeste    Darstellung : %g\n", Zahl);
}
```

Probieren Sie das mit den verschiedensten Zahlen aus! Falls Sie nicht wissen sollten, was "Oktalzahlen" und "Hexadezimalzahlen" sind, hier eine knappe Erläuterung: Das Dezimalsystem ist das Zahlensystem, das Ihnen aus dem Alltag geläufig ist: Mit Hilfe von 10 Ziffern (0,1,2,3,4,5,6,7, 8,9) lassen sich alle Zahlen dieses Systems darstellen.

Andere Systeme sind die obengenannten: Während das Oktalsystem nur über 8 (0,1,2,3,4,5,6,7) verfügt, besitzt das Hexadezimalsystem deren 16 (0,1,2,3,4,5,6,7,8,9 - und weil die Ziffern nicht reichen, noch: A,B,C,D,E,F). So heißt beispielsweise die Dezimalzahl 8 in Oktalschreibweise 10 und die Dezimalzahl 16 in hexedezimaler Darstellung 10. Normalerweise begegnen Ihnen als Einsteiger diese beiden Zahlensysteme selten oder gar nicht; aus diesem Grunde belasse ich es bei diesen knappen Hinweisen. (Vgl. die ASCII-Tabelle Anhang D!)

Daß die Funktionen "printf" und "scanf" sehr vielseitig sind, haben Sie nun recht häufig erfahren. (Blättern Sie dazu auch einmal ausgiebig die Seiten der Turbo-C-Handbücher zu "scanf" und "printf" durch!) Ziemlich dürftig dagegen wirken zwei andere Funktionen, nämlich

> getchar

und

> putchar

sowie ihre Verwandten (getch, getche, putch). Mit ihnen lassen sich nämlich nur einzelne Zeichen ein- oder ausgeben. Eine weitere Variation der Ein- und Ausgabe sollen Sie jetzt kennenlernen. Dazu muß ich Sie noch einmal auf das "Hallo"-Programm verweisen, das wir im Kapitel 4 begonnen haben. Ich beziehe mich hier auf eine etwas knappere Version:

```
main ()   /* Hallo */

{
  char  Name[11], Antwort[11];

  printf ("Hallo, wie heißt du?\n");
  scanf  ("%s", Name);
  printf ("Geht es dir gut (j/n)?\n");
  scanf  ("%s", Antwort);
  if (Antwort[0] == 'j')
    printf ("Das freut mich!");
  else
    printf ("Hoffentlich bessert es sich!");
}
```

Und nun tausche ich die "printf"- und "scanf"-Anweisungen aus:

```
#include "stdio.h"

main ()   /* Hallo */

{
   char  Name[11], Antwort[11];

   puts ("Hallo, wie heißt du?");
   gets (Name);
   puts ("Geht es dir gut (j/n)?");
   gets (Antwort);
   if (Antwort[0] == 'j')
      puts ("Das freut mich!");
   else
      puts ("Hoffentlich bessert es sich!");
}
```

Ehe Sie sich versehen, haben Sie schon wieder zwei weitere - hoffentlich - nützliche Funktionen aus der "stdio.h"-Datei kennengelernt:

> gets (= "GetString")

und

> puts (= "PutString").

Sie können diese Funktionen zwar nur für Strings verwenden, dafür ist ihre Handhabung einfacher, da keine Formatangaben nötig sind. Das allein ist aber noch kein Grund, sie anstelle der vielseitigeren "printf"/"scanf"-Anweisungen einzusetzen. Wenn Sie aber einmal beide Versionen von "Hallo" in ein lauffähiges Programm übersetzen (lassen) und sich die jeweilige Länge des Programm-Codes ansehen, dann stellen Sie fest, daß die "puts"/"gets"-Variante die kompaktere ist! Geht es also nur um die Ein- oder Ausgabe von Zeichenketten, so sollten Sie diese Funktionen in die engere Wahl ziehen.

13.2 Öffnen und Schließen

Sie möchten nun endlich wissen, wie Sie denn in C (bzw. Turbo C) eigentlich Daten auf Ihre Disketten kriegen? Und natürlich interessiert es Sie auch, wie Sie diese Daten dann wieder zurück in Ihren PC transportieren können? Im Grunde genommen, so werden Sie sagen, müssen wir doch nur das Gerät zur Ein- oder Ausgabe wechseln. Wie aber wollen wir das tun?

An Ihren PC angeschlossen sind ja verschiedene Geräte: mindestens ein Laufwerk, die Tastatur und der Bildschirm. Der Verkehr zwischen diesen Geräten und dem eigentlichen Computer findet über Kanäle statt. Während in der Standard-Einstellung eigentlich jedes Computers, jedes Betriebssystems, jeder Programmiersprache immer die Kanäle von der Tastatur und zum Bildschirm geöffnet sind, müssen die Kanäle zu anderen Ein- und Ausgabegeräten bei entsprechendem Bedarf erst geöffnet (englisch: "open") und später nach Benutzung wieder geschlossen (englisch: "close") werden!

Während aber die Tastatur bzw. auch Bildschirm oder Drucker als Geräte eindeutig bezeichnet werden können, ist das bei einem Diskettenlaufwerk oder gar einer Festplatte nicht so einfach: Tastatur, Bildschirm und Drucker gelten nämlich als jeweils eine Datei. Auf einer Platte jedoch sind viele Dateien untergebracht, die jeweils individuell angesprochen werden wollen!

Der Computer muß also zur Übertragung von Daten zuerst die Anweisung erhalten, eine Datei auf dem Diskettenlaufwerk (oder der Festplatte) zu öffnen. Dabei gibt es die folgenden drei Möglichkeiten:

    1. Öffnen zum Lesen   (engl.: "read")

    2. Öffnen zum Schreiben (engl.: "write")

    3. Öffnen zum Anfügen   (engl.: "append")

Im folgenden beschränken wir uns auf die sogenannte "gepufferte" Ein- und Ausgabe. Pufferung bedeutet hier, daß im Arbeitsspeicher des Computers ein Platz reserviert wird, in dem erst einmal eine bestimmte Datenmenge gesammelt werden kann. Ist dieser Puffer dann voll, so wird sein Inhalt mit einem Schub auf Diskette gesichert. Und das wiederholt sich, bis sämtliche

Daten übertragen sind. Das Laden von Diskette funktioniert ebenso.

Dies ist eine zeitsparende und das Laufwerk schonende Methode. Denn bei ungepuffertem Datenverkehr würde nötigenfalls bei jedem einzelnen übertragenen Zeichen das Diskettenlaufwerk in Gang gesetzt und der Kopf im Laufwerk, der auf die Diskette schreibt oder von ihr liest, würde ständig in Bewegung sein. Das kostet Zeit und verschleißt die Mechanik im Laufwerk. Es gibt natürlich in Turbo C auch Möglichkeiten, Daten ohne Pufferung zwischen Computer und Diskette hin und her zu transportieren, aber wir bleiben hier bei der Pufferung. (Oder fahren Sie gern Auto ohne Federung und Stoßdämpfer?)

In C gibt es für einen gepufferten Kanal einen Zeigertyp mit dem Namen:

>   FILE

Dieser ist in der Turbo-C-Standard-Bibliothek definiert. Achten Sie auf die Großschreibung! Daher heißen die entsprechenden Funktionen in C auch:

>   fopen

und

>   fclose

Ein gepufferter Kanal muß immer wieder geschlossen werden! Ansonsten wird der Puffer mit den letzten Daten nicht mehr geleert, obwohl der Übertragungsvorgang eigentlich abgeschlossen ist. Nach Abschluß dieses Prozesses nämlich ist der Computer der Meinung, der (ehemalige) Puffer könne nun wieder beliebig verwendet werden. Die Daten kommen dann nie mehr auf der Diskette an. Oder sie stehen dem Computer nicht mehr zur Verfügung, da sie überschrieben wurden.

13.3 Schreiben und Lesen

Nehmen wir als Beispiel einen über Tastatur eingegebenen Text, der auf Diskette geschrieben werden soll. Zuerst müssen der Name der Textdatei und der Text selbst als Variable vereinbart werden:

```
char  Name[13];
int   Text;
```

8 Zeichen lang darf der Name eines Disketten-Files sein, dazu kommen 3 Zeichen für eine eventuelle Typ-Bezeichnung, durch einen Punkt getrennt. Wenn Sie jetzt noch daran denken, daß ein String stets eine Endmarke haben muß, dann wissen Sie, warum "Name" mit 13 Zeichen definiert wurde.

"Text" sollte hier an sich nur als Zeichen vereinbart werden. Daß hier statt dessen eine "int"-Vereinbarung steht, nehmen Sie bitte trotzdem für den Augenblick hin: "getchar" und "putchar" tun dies auch! Ich habe mich hier für das zeichenweise Transportieren des Textes entschieden, weil dies die für unsere Zwecke einfachste Lösung ist. Daß dies dennoch recht schnell vonstatten geht, werden Sie ja sehen. Dann kommt die Vereinbarung eines "Tresors" zur sicheren Aufbewahrung der Daten sowie der "fopen"-Funktion als FILE-Typ:

```
FILE *Tresor, *fopen();
```

Im Anweisungsteil bilden dann

```
Tresor = fopen (Name, "w");
```

und

```
fclose (Tresor);
```

den Rahmen für den Übertragungsprozeß. ("w" ist die Abkürzung für "write" und bedeutet "Schreiben"). Der eigentliche Transfer findet dann mit:

```
while ((Text = getchar ()) != '$')
   putc (Text, Tresor);
```

statt, solange nicht das Zeichen '$' eingegeben wurde. Genau genommen sind es ja zwei Übertragungen, nämlich eine von der Tastatur zum Computer:

```
Text = getchar ();
```

und eine weitere vom Computer zur Diskette:

```
putc (Text, Tresor);
```

"Text" wird das von Tastatur empfangene Zeichen zugewiesen und dieses wird dann gleich in den "Tresor" gelegt. Auffällig ist die Funktion:

```
putc    (= "PutCharacter")
```

die im Gegensatz zu "putchar" Zeichen nicht nur auf den Bildschirm oder ein anderes Standardgerät schreibt, sondern in den Puffer, dessen Namen ("Tresor") sie im zweiten Argument erhält. Betrachten wir jetzt die ganze Routine:

```
#include "stdio.h"

main ()    /* Schreiben auf Diskette */

{
   char  Name[13];
   int   Text;
   FILE *Tresor, *fopen();

   puts ("Unter welchem Namen soll die Datei gesichert werden?");
   gets (Name);

   Tresor = fopen (Name, "w");   /* Schreiben */

   puts ("Gib beliebigen Text ein :");

   while ((Text = getchar ()) != '$')
      putc (Text, Tresor);

   fclose (Tresor);
}
```

Ähnlich ist es beim Lesen von Diskette:

```c
#include "stdio.h"

main ()    /* Lesen von Diskette */

{
  char  Name[13];
  int   Text;
  FILE *Tresor, *fopen();

  puts ("Name der Datei, die geladen werden soll:");
  gets (Name);

  Tresor = fopen (Name, "r");    /* Lesen */

  while ((Text = getc(Tresor)) != EOF)
    putchar (Text);

  fclose (Tresor);
}
```

Im wesentlichen gilt das bereits zum Sichern auf Diskette Gesagte. Daß "r" die Abkürzung für "read" ist, haben Sie sich wohl gleich gedacht? Und Sie sehen auch in

        getc   (= "GetCharacter")

das "Gegenstück" zu "putc": Diese Funktion liest Zeichen aus dem Puffer, dessen Name ("Tresor") ihr als Parameter übergeben wird. Die Übertragungen von der Diskette zum Computer und von dort zum Bildschirm finden dann mit:

```c
while ((Text = getc(Tresor)) != EOF)
  putchar (Text);
```

statt, solange nicht das Datei-Ende:

        EOF   (= "End Of File")

erreicht wurde: "Text" wird ein Zeichen aus dem "Tresor" zugewiesen, und dieses wird dann gleich auf den Bildschirm geschrieben. Jetzt noch zur Frage nach der "Text"-Vereinbarung als "int"-Typ: Da "EOF" in Turbo C als eine Zahl (-1) definiert wurde, erschien es mir sinnvoller, "Text" gleich als "int" (statt "char") zu vereinbaren!

13.4 Disketten-Zugriffe

In jedem Falle sollten Sie eine formatierte Diskette bereithalten, auf der Sie nach Herzenslust "herumtanzen" dürfen. Denn nur dann sind Ihrer Experimentierfreudigkeit mit Diskettenroutinen keine Grenzen gesetzt. Denn Flüchtigkeitsfehler beim Eingeben der Programme oder allzu gewagte Versuche könnten auf einer mit sehr wichtigen Daten bepackten Diskette verheerende Folgen haben!

Mit den eben vorgestellten Verfahren dürfte es ebenso wie mit den gleich folgenden jedoch keine Probleme geben. Nehmen wir nun noch das Anfügen an eine bestehende Datei hinzu, so könnten wir alle drei Möglichkeiten auch in einem Verfahren kombinieren:

```
#include "stdio.h"

char  Name[13];
char  Modus[2];
int   Text;
FILE  *Tresor, *fopen();


int sichere ()

{
  while ((Text = getchar ()) != '$')
    putc (Text, Tresor);
}


int lade ()

{
  while ((Text = getc(Tresor)) != EOF)
    putchar (Text);
}


main ()   /* Lesen, Schreiben oder Anfügen */

{
  puts ("Zugriffsmodus (read/write/append):");
```

```
    gets (Modus);

    puts ("Name der Datei:");
    gets (Name);

    if (Modus[0]!='r' && Modus[0]!='w' && Modus[0]!='a')
      puts ("Diesen Modus gibt es nicht!");
    else
    {
      Tresor = fopen (Name, Modus);

      switch (Modus[0])
      {
        case 'r' : lade (); break;
        case 'w' :
        case 'a' : sichere ();
      }

      fclose (Tresor);
    }
}
```

Hier haben Sie also die Wahl. Falls Sie keine der angebotenen Tasten eingeben, so endet die Hauptfunktion mit einem entsprechenden Hinweis. Eine weitere interessante Möglichkeit ist die Übertragung von einem Diskettenlaufwerk zu einem anderen, das Kopieren. Auch hier wird erst gelesen und anschließend geschrieben. Das folgende Verfahren ist natürlich nicht das schnellste, und es hat demnach diesbezüglich keine Chance gegenüber der "COPY"-Routine des MS-DOS-Betriebssystems. Aber es will ja auch nicht damit konkurrieren, sondern Ihnen nur einen Einblick in diesen Prozeß verschaffen:

```
#include "stdio.h"

main ()    /* Kopieren */

{
  int   Zeichen;
  FILE *Rein, *Raus, *fopen ();
  char  Quelle[13], Ziel[13];

  puts ("Quelldatei:");
```

Daten-Verkehr 231

```
    gets (Quelle);

    puts ("Zieldatei:");
    gets (Ziel);

    Rein = fopen (Quelle, "r");
    Raus = fopen (Ziel,   "w");

    while ((Zeichen = getc (Rein)) != EOF)
      putc (Zeichen, Raus);

    fclose (Rein);
    fclose (Raus);

    puts ("ok!\7");
}
```

Sie wissen nicht mehr, was "\7" bedeutet? Dann hören Sie genau zu!

13.5 Vorsicht!

Sie sollten all diese Disketten-Verfahren mit einer gewissen Vorsicht genießen: Wollen Sie nämlich eine Datei sichern (= auf Diskette schreiben), und war vorher schon eine Datei mit gleichem Namen auf der Diskette vorhanden, ist diese nunmehr so gut wie gelöscht. Zu überlegen wäre, ob Sie hier statt zum "w"-Modus (= Schreiben) lieber gleich zum "a"-Modus (= Anfügen) greifen, um ein ungewolltes Löschen eines bereits bestehenden Files zu verhindern: Existiert bereits eine Datei gleichen Namens, so werden neue Daten einfach an diese angehängt, die Datei also erweitert. Gibt es die genannte Datei noch nicht, dann wird eine neue geöffnet.

Auch beim Lesen einer Datei kann es Probleme geben: Sofern diese Datei (noch) nicht auf der Diskette existiert, kommt es zu einem Programmlauf-Fehler. In aller Regel sind dann Ihre zuvor eingegebenen, aber noch nicht auf Diskette gesicherten Daten verloren. Hüten Sie sich also vor einer unvorsichtigen Handhabung: Sie sollten besser wissen, ob auch auf der Diskette, die gerade im Laufwerk liegt, eine Datei mit dem angesprochenen Namen vorhanden ist!

Im letzten Fall aber könnten wir auch eine Sicherungssfunktion erstellen, die uns vor diesem Fehler schützt. Dazu kommt uns der Rückgabewert der "fopen"-Funktion zur Hilfe: Soll auf der Diskette eine Datei zum Lesen geöffnet werden, die dort gar nicht vorhanden ist, so gibt "fopen" den Wert 0 zurück. Wenn wir also diesen Rückgabewert auf 0 testen, so erfahren wir, ob ein solcher Öffnungsfehler vorliegt oder nicht. Die entsprechende Funktion hat den Typ "FILE" und übernimmt die gleichen Parameter wie "fopen":

```
FILE *offen (char *Dateiname, char *Modus)

{
  FILE *Status, *fopen ();

  if (Status = fopen (Dateiname, Modus))
    return (Status);

  else
  {
    if (Modus[0]=='r')
      puts ("Datei nicht gefunden!");
  }
}
```

Fügen Sie diese Funktion einem der obenstehenden Programmbeispiele hinzu, und ersetzen Sie im Vereinbarungs- und im Anweisungsteil "fopen" durch "offen". Als Beispiel hier das angepaßte Listing für die "Auswahl"-Funktion:

```
:
:

main ()   /* Lesen, Schreiben oder Anfügen mit Vorsicht */

{
  puts ("Zugriffsmodus (read/write/append):");
  gets (Modus);

  puts ("Name der Datei:");
```

Daten-Verkehr 233

```
        gets (Name);

        if (Modus[0]!='r' && Modus[0]!='w' && Modus[0]!='a')
          puts ("Diesen Modus gibt es nicht!");
      else
      {
        Tresor = offen (Name, Modus);

        if (Tresor)
        {
          switch (Modus[0])
          {
            case 'r' : lade (); break;
            case 'w' :
            case 'a' : sichere ();
          }
        }

        fclose (Tresor);
      }
    }
```

Achten Sie auf die Anzahl der geschweiften Klammern; schauen Sie genau hin, was zu welchem Block gehört!

13.6 Weitere Disketten-Operationen

Außer der Übertragung von Einzelzeichen über Kanäle gibt es natürlich auch Möglichkeiten, Zahlen, Strings, ganze Blöcke von Daten sozusagen "auf einmal" zu übertragen. Genaugenommen läßt sich jeder dieser Prozesse schließlich auf das Schreiben und Lesen einzelner Bytes zurückführen. Durch das Zusammenfassen einzelner Zeichen zu ganzen Gruppen wird so ein Prozeß kompakter und schneller. Außerdem wird durch das Angebot mehrerer Möglichkeiten des Datentransfers die Handhabung in eigenen Programmen flexibler.

Für Sie von Interesse - zum Ausprobieren - könnten dabei die folgenden Funktionen (wiederum aus "stdio.h") sein:

```
        fprintf    (= "FILEprintf")
```

und

       fscanf   (= "FILEscanf")

sind die altbekannten Funktionen zur formatierten Ein- und Ausgabe, nur diesmal noch um die Möglichkeit bereichert, auch von anderen Geräten als der Tastatur zu lesen bzw. auf andere Geräte als den Bildschirm zu schreiben. Gleiches gibt es bei der Ein-/Ausgabe von "Nur-Strings"; hier heißen die entsprechenden Funktionen:

       fgets   (= "FILEgets")

und

       fputs   (= "FILEputs") .

Alle diese Funktionen benötigen als zusätzliches (erstes) Argument einen FILE-Typ (z.B. wenn Ihnen nichts Besseres einfällt, wieder "Tresor"). Für die Übertragung größerer Blöcke gibt es dann noch die Funktionen

       fread   (= "FILEread")

und

       fwrite   (= "FILEwrite")

Hier geht es allerdings etwas komplizierter zu, wie Sie an dieser Variante der Kopierfunktion sehen können:

```
#define  Anzahl 512 * 9   /* Menge der Daten (hier pro Spur) */
#define  Laenge    1      /* Größe eines Zeichens */

#include "stdio.h"

/* Definition von offen () ! */

main ()         /* Kopieren (von Spuren) */

{
  char  Block[Anzahl];
  int   LeseZahl, SchreibZahl;
```

Daten-Verkehr

```
FILE *Rein, *Raus, *offen ();
char  Quelle[13], Ziel[13];

puts ("Quelldatei:");
gets (Quelle);

puts ("Zieldatei:");
gets (Ziel);

Rein = offen (Quelle, "r");
Raus = offen (Ziel,   "w");

if (Rein && Raus)
{
   while (LeseZahl = fread (Block, Laenge, Anzahl,   Rein))
      SchreibZahl = fwrite (Block, Laenge, LeseZahl, Raus);
}

fclose (Rein);
fclose (Raus);

puts ("ok!\7");
}
```

Sie wissen natürlich längst (wieder), daß die Ausgabe von "\7" einen "Piepser" erzeugt, auch "bell" genannt. Natürlich können Sie anstelle von Zeichen auch Zahlen übertragen. Sie müssen dann nur "Laenge" anders definieren. "Anzahl" gibt hier die Menge von Bytes an, die auf eine Spur der Diskette passen. Jede Diskette hat beidseitig je 40 Spuren mit 9 Sektoren pro Spur und 29=512 Bytes pro Sektor. Experimentieren Sie ruhig mit anderen Größen!

Diese Kopier-Routine ermöglicht Ihnen zusätzlich eine Kontrolle des Lese-Schreib-Vorgangs, wenn Sie "SchreibZahl" und "Lese-Zahl" miteinander vergleichen lassen. Nun haben Sie wohl einiges Material, um Datenverkehr mit Tastatur, Bildschirm und Laufwerken zu betreiben. Denken Sie aber unbedingt daran: Ihre Experimentierdiskette muß einiges mitmachen können! Die Original-Turbo-C-Disketten oder auch deren Kopien sind daher für diese Aufgabe denkbar ungeeignet.

13.7 Zusammenfassung

Ihr ohnehin schon strapaziertes Wissen über Eingabe und Ausgabe wurde in diesem Kapitel noch ein wenig aufgerundet.

Sie kennen die Format-Strings

%c	Ein-/Ausgabe von Einzelzeichen
%s	Ein-/Ausgabe von Zeichenketten
%d	Ein-/Ausgabe von ganzen Dezimalzahlen
%o	Ein-/Ausgabe von Oktalzahlen (0,...,7)
%x	Ein-/Ausgabe von Hex-Zahlen (0,...,F)
%f	Ein-/Ausgabe von Gleitkommazahlen
%e	(nur) Ausgabe in Exponentialdarstellung
%g	(nur) Ausgabe in der kürzesten Form
%%	(nur) Ausgabe von Prozentzeichen

sowie nun auch für die Ein-/Ausgabe (nur) von Strings:

```
gets (<String>)
puts (<String>)
```

Beide Funktionen erzeugen eine neue Zeile! Nun kennen Sie auch das Nötigste über den Umgang mit Dateien im Diskettenbetrieb. Sie wissen, daß zum Diskettenlaufwerk ein Kanal führt, der gepuffert sein kann. Der Zeiger auf den Puffer und die "fopen"-Funktion werden mit:

```
FILE *<Zeiger>, *fopen();
```

vereinbart. Einen Kanal kann man zum Schreiben öffnen (= Sichern) oder zum Lesen öffnen (= Laden) mit:

```
<FILE-Zeiger> = fopen (<Name>, <Modus>)
```

Modus kann sein:

"r" =	Öffnen zum Lesen
"w" =	Öffnen zum Schreiben
"a" =	Öffnen zum Anfügen

Einen Kanal sollte man unbedingt wieder schließen mit

    `fclose (<FILE-Zeiger>)`

Sie kennen nun eine Reihe von Funktionen für die Übertragung von Daten für Ein/Ausgabe von Einzelzeichen:

    `<Zeichen> = getc (<Datei>);`
            `putc (<Zeichen>,<Datei>);`

Ein/Ausgabe von Zeichenketten:

    `fgets (<String>,<Anzahl>,<Datei>);`
    `fputs (<String>,<Datei>);`

Ein/Ausgabe mit Format:

    `fprintf (<Datei>,<Formatstring>,<Argumente>);`
    `fscanf  (<Datei>,<Formatstring>,<Argumente>);`

Ein/Ausgabe von Blöcken:

    `<Zähler> = fread  (<Block>,<TypLänge>,<Anzahl>,<Datei>);`
    `<Zähler> = fwrite (<Block>,<TypLänge>,<Anzahl>,<Datei>);`

Schließlich kennen Sie die Endmarke einer Datei:

    `EOF     (= "End Of File")`

Diese hat den "int"-Wert -1. Und Sie wissen, daß man Geschriebenes auch hören kann: Mit "\7" (= "bell").

14. Buntes Allerlei

Was tun mit Dingen, die nirgendwo so recht hingehören, die man jedoch auch nicht wegwerfen will? Vor mir auf dem Schreibtisch liegt noch immer eine Anzahl von Blättern mit Notizen zu Turbo C, deren Inhalt ich in keinem der vorangegangenen Kapitel so richtig hätte unterbringen können. Einiges davon - zum Weglassen zu schade - will ich Ihnen also hier in dieser ersten Nachlese noch vorstellen.

14.1 Salto rückwärts

Vielleicht erinnern Sie sich gar nicht mehr, aber ich habe Sie schon einmal (Kap. 8) diskret darauf hingewiesen, daß in C Sprünge zwar möglich, aber nicht nötig seien. Dann haben Sie einige Kapitel später eine weitere Sprunganweisung kennengelernt und sie auch gleich angewendet. Sie möchten wissen, was ich meine? Im ersten Falle habe ich vom wirklich überflüssigen "goto" gesprochen, im anderen von der "break"-Anweisung. Sie haben unter "break" eigentlich "Abbruch" verstanden? Dann rufen Sie sich doch noch einmal das folgende Programmstück (aus dem letzten Kapitel) in Erinnerung:

```
   :
   switch (Modus[0])
   {
     case 'r' : lade (); break;
     case 'w' :
     case 'a' : sichere ();
   }
   :
```

Die Anweisung "break" bewirkt hier keineswegs einen Abbruch in der Abarbeitung des Programms, sondern nur des Blockes, in dem diese Anweisung sich befindet. Der "Sprung" besteht darin, daß dieser Block verlassen wird. Sie kennen bisher nur die Verwendung von "break" im Block einer "switch"-Anweisung. Sie können aber diese Anweisung auch in anderen Blöcken verwenden! Zur Verdeutlichung möchte ich noch einmal ein altes - vielleicht schon fast vergessenes - Beispiel aufgreifen:

```c
main ()              /* Ende bei Null */

{
  char  Antwort[11];
  float Zahl;
  float Kehrwert;

  do
  {
    printf ("Gib eine Zahl ein:\n");
    scanf  ("%f", &Zahl);
    if (Zahl == 0)
    {
      printf ("Null hat keinen Kehrwert!\n");
      break;
    }
    Kehrwert = 1 / Zahl;
    printf ("Der Kehrwert von %5.2f", Zahl);
    printf (" ist %5.2f", Kehrwert);

    printf ("\n\nNochmal (j/n)?\n");
    scanf  ("%10s", Antwort);
  }
  while (Antwort[0] == 'j');

  printf ("\nJetzt ist das Programm zu Ende");
}
```

Sie haben es natürlich gleich erkannt! Was stellen Sie fest, wenn Sie das Programm in dieser Form laufen lassen und den Wert 0 eingeben? Sie werden darauf aufmerksam gemacht, daß Null keinen Kehrwert hat, und damit ist das Programm zu Ende. Die "break"-Anweisung bricht also die "do..while"-Schleife an dieser Stelle ab, nicht jedoch das ganze Programm. Sonst würde die Abschlußmeldung nämlich nicht mehr erfolgen.

Ihnen gefiel die frühere Version mit "else" besser, weil Sie da Ihre Eingabe auf Wunsch wiederholen konnten? Versuchen Sie's doch einmal so:

```
main ()          /* Nochmal bei Null */

{
  char  Antwort[11];
  float Zahl;
  float Kehrwert;

  do
  {
    printf ("Gib eine Zahl ein:\n");
    scanf ("%f", &Zahl);
    if (Zahl == 0)
    {
      printf ("Null hat keinen Kehrwert!\n");
      continue;
    }

    Kehrwert = 1 / Zahl;
    printf ("Der Kehrwert von %5.2f", Zahl);
    printf (" ist %5.2f", Kehrwert);

    printf ("\n\nNochmal (j/n)?\n");
    scanf ("%10s", Antwort);
  }
  while (Antwort[0] == 'j');

  printf ("\nJetzt ist das Programm zu Ende");
}
```

Na, was halten Sie davon? Nun wird die Schleife zwar auch abgebrochen, aber gleich folgt ein neuer Durchlauf (deshalb: "continue"). Das heißt: Solange die Zahl 0 eingegeben wird, wiederholt sich die Zahleingabe direkt. Entscheiden Sie selbst, ob Ihnen diese oder die "else"-Variante mehr zusagt!

14.2 Gehupft wie gesprungen?

Nun sollten Sie auch noch diesen Sprung wagen:

```
main ()          /* Ausstieg bei Null */

{
  char  Antwort[11];
```

```c
      float Zahl;
      float Kehrwert;

      do
      {
        printf ("Gib eine Zahl ein:\n");
        scanf  ("%f", &Zahl);
        if (Zahl == 0)
        {
          printf ("Null hat keinen Kehrwert!\n");
          exit ();
        }
        Kehrwert = 1 / Zahl;
        printf ("Der Kehrwert von %5.2f", Zahl);
        printf (" ist %5.2f", Kehrwert);

        printf ("\n\nNochmal (j/n)?\n");
        scanf  ("%10s", Antwort);
      }
      while (Antwort[0] == 'j');

      printf ("\nJetzt ist das Programm zu Ende");
    }
```

Den Satz "Jetzt ist das Programm zu Ende" bekommen Sie gar nicht mehr zu Gesicht, denn nach diesem Sprung erfolgt die Landung in der MS-DOS-Ebene. Die Funktion

```
        exit ()
```

bewirkt also einen Sprung heraus aus dem gesamten Programm (gleichgültig, in welchem Block man gerade ist). Wurde dieses Programm von einem anderen aus aufgerufen, so erfolgt die Rückkehr in das Ausgangsprogramm, ansonsten in das Betriebssystem, das ja eigentlich auch aufrufendes Programm ist.

Im Gegensatz dazu bleibt man bei "break" und "continue" im laufenden Programm: "break" bewirkt einen Sprung aus einem Block heraus in den nächsten umgebenden Block. "continue" bewirkt einen Sprung aus einer Schleife heraus zu deren End- oder Anfangsmarke, an der die Bedingung steht. Je nach Bedingung wird dann die Schleife von neuem durchlaufen oder ganz verlassen.

Eine letzte Sprunganweisung ist auch die "return"-Anweisung. Wenn Sie sich noch einmal die leicht gekürzte Fassung der Funktion "offen" des letzten Kapitels dazu ansehen:

```
FILE *offen (char *Dateiname, char *Modus)

{
   FILE *Status, *fopen ();

   if (Status = fopen (Dateiname, Modus))
     return (Status);

   if (Modus[0]=='r')
     puts ("Datei nicht gefunden!");
}
```

Wenn "Status" einen Wert ungleich 0 hat, so erfolgt sofort ein Rücksprung aus der Funktion an dieser Stelle, der Rest der Funktion wird also nicht weiter beachtet. Daher hätte man das "else" auch weglassen können...

14.3 Funktionen und Makros

Bleiben wir gleich bei der eben genannten Funktion: Wenn Sie sich an bisherige Programmbeispiele erinnern, in denen eigene Funktionen vorkamen, so haben Sie vielleicht beobachtet, daß nicht alle Funktionen bei ihrer Vereinbarung mit einem Datentyp versehen wurden.

Die "tausche"-Funktion z.B. hätten wir damals (Kap. 6) auch ohne Datentyp vereinbaren können, denn wird bei einer Funktionsvereinbarung kein Typ angegeben, so geht der Compiler vom Datentyp "int" aus. Daß bei der Funktion "tausche" eigentlich diese Bezeichnung fehlen darf, hat jedoch noch einen anderen Grund: Wie Sie wissen, gibt jede Funktion einem Wert zurück - ob Sie den Wert zuweisen und weiterverwenden oder nicht.

Die Typvereinbarung bestimmt nun den Typ dieses Rückgabewertes. Wenn wir nun in unserem Programm diesen Wert nie weiterverwenden, so interessiert uns die Typvereinbarung nicht weiter, wir lassen sie einfach weg. Ansonsten müssen wir die Funktion mit ihrem Typ deklarieren - wie Sie am Beispiel der Funktion "offen" sehen konnten: Hier nämlich wird bei der Übergabe keinesfalls ein "int"-Typ, sondern der Datentyp "FILE" erwartet! Und deshalb mußte auch "offen" nicht nur bei der Definition als Funktion diese Typ-Vereinbarung erhalten, sondern außerdem noch einmal im verwendeten Programm (oder auch global) extra deklariert werden! (Dasselbe galt schon für die in "stdio.h" enthaltene Funktion "fopen".)

Erinnern Sie sich noch an den Unterschied zwischen Deklaration und Definition aus dem Kapitel 11. Mit den Funktionen ist das ähnlich wie mit den Feldern: Beide verfügen über Klammern, die Felder über eckige, die Funktionen über runde. Steht in diesen Klammern etwas, so kann man in aller Regel von einer Definition ausgehen: Entweder wird eine Länge festgelegt oder eine Anzahl von Parametern. Sind die Klammern dagegen leer, so besteht der "Verdacht" einer Deklaration. (Vergessen Sie bitte nicht, daß ich hier immer nur von der Funktionsvereinbarung, nicht von ihrem Aufruf spreche!

Ich hoffe, ich habe Sie nicht verwirrt! Falls Sie doch verunsichert sind, empfehle ich Ihnen, künftig vorsichtshalber jeder Funktion einen Datentyp zu geben und jede Funktion sowohl zu definieren als auch zu deklarieren!

Schließlich möchte ich an dieser Stelle noch eine Möglichkeit der Vereinbarung von Funktionen erklären:

```
#define maximum(x,y) (x>y ? x : y)
```

oder auch

```
#define maximum(x,y)\
(x>y ? x : y)
```

Das Zeichen "\" finden Sie neben der linken <SHIFT>-Taste und erreichen es über <ALT><CTRL>, oder mit <ALT> über den ASCII-Code 92. An die Präprozessoranweisung "#define" erinnern Sie sich noch aus dem Kapitel 5? Diese ersetzt die Funktionsdefinition

```
int maximum (x,y)
  int x,y;

{
  if (x > y)
    return (x);
  return (y);
}
```

Wie Sie sehen, lassen sich (kleinere!) Funktionen auch so vereinbaren. Man nennt diese Definitionen auch "MAKROS". (Häufig wird dieser Begriff auch auf alle "#define"-Vereinbarungen angewandt.) Der Präprozessor ersetzt dann den Aufruf:

```
Zahl = maximum (x,y);
```

durch

```
Zahl = (x>y ? x : y);
```

Dies ist durchaus legitim: Der "Wenn-Dann-Sonst"-Operator darf also auch in einer Zuweisung eingesetzt werden. Das Zuweisungszeichen ist schließlich auch ein Operator. Sie haben doch sicher inzwischen einmal in die Datei "stdio.h" hineingeschaut? Dort finden Sie unter anderen auch die Funktionen "getc", "putc", "getchar" und "putchar" definiert als Makros.

14.4 Speicherklassen

Über Vereinbarungen wissen Sie doch eigentlich nun eine ganze Menge: Man vereinbart Typen von Daten, man vereinbart global oder lokal, man deklariert und definiert, man vereinbart und initialisiert - und trotzdem gibt es noch einiges zu sagen, was nicht ganz unwichtig ist! Sie erinnern sich dunkel an das Wort "extern"?

Fangen wir anders an: Beginnen wir noch einmal beim Gültigkeitsbereich von Variablen. Ist eine Variable als Argument einer Funktion oder innerhalb eines Funktionblocks vereinbart, so gilt sie auch nur dort; das heißt sie ist außerhalb völlig unbekannt. Diese Variable ist also lokal.

Wenn eine Variable jedoch außerhalb jeder Funktion - also auch der Hauptfunktion - definiert wird, gilt sie zunächst für sämtliche in diesem Programm noch definierten Funktionen; sie ist an jeder Stelle "griffbereit"! Diese Variable ist demnach global.

Wie Sie erfahren haben, kann ein umfangreicheres Programm auch aus mehreren Modulen zusammengesetzt sein. Dann ist die in einem Modul noch globale Variable aber in den anderen Modulen - also extern - nicht mehr bekannt. Die Variable muß also in allen Modulen oder Funktionen, in denen sie Verwendung findet, zuerst als externe Variable deklariert sein!

Vor einer üppigen Verwendung von externen Variablen möchte ich hier noch einmal warnen, denn diese Variablen gelten auch überall dort, wo man sie deshalb nicht gebrauchen kann, weil man den gleichen Namen für eine lokale Variable gebrauchen könnte. Je umfangreicher das Programm, je mehr benötigte Variablen, desto schwieriger wird der Überblick. Da ist es sinnvoll, den Geltungsbereich der Variablen auf den Block oder die Blöcke zu beschränken, in denen sie wirklich gebraucht werden! Hier sei auch noch einmal erwähnt, was vielleicht schon in Vergessenheit geraten ist: Funktionen sind immer global vereinbart!

Außer dem Begriff "extern" gibt es in C noch einige andere; man nennt dies "Speicherklassen". Im allgemeinen gehörten die Variablen, die Sie bisher vereinbart haben, der Speicherklasse

```
auto
```

an - das "übliche" also. Sie hätten also beispielsweise

```
int Zahl;
```

auch als

```
auto int Zahl;
```

vereinbaren können; es wäre genau das gleiche gewesen. Eben weil so üblich, wird das Vorwort "auto" häufig einfach weggelassen! Variablen dieser Klasse gelten innerhalb des Blockes - der Funktion, des Modules. Sobald der betreffende Block verlassen wird, leben sie nicht mehr.

Was aber, wenn Sie den Wert einer Variablen bei einem wiederholten Funktionsaufruf gern wieder vorfinden würden, aber die betreffende Variable nur lokal sein soll? Dazu bietet C die Speicherklasse:

> static

Eine so vereinbarte Variable bleibt nach dem Verlassen eines Blockes, einer Funktion erhalten; sie wird also bei einem erneuten Aufruf dieser Funktion nicht wieder neu erzeugt. Sie können also auf den zuletzt erhaltenen Wert dieser Variablen wieder zugreifen, denn die Variable lebt noch. Erwähnenswert ist auch die Speicherklasse:

> register

Das ist im Grunde genommen nichts anderes als eine "auto"-Variable. Bei dieser Klasse aber wird der Compiler angehalten, sich nicht irgendwo in seinem Arbeitsspeicher, sondern gefälligst in einem der Prozessor-Register eine Ablage für diese Variable zu besorgen. (Natürlich nur, wenn da gerade Platz ist.) Das wirkt sich unter Umständen positiv auf die Arbeitsgeschwindigkeit eines Programms aus. Sie könnten das z.B. an einem der Kopierprogramme des letzten Kapitels ausprobieren!

Noch eine Bemerkung über die Initialisierung von Variablen: Üblicherweise haben nicht initialisierte Variablen der Speicherklassen "extern" und "static" den garantierten(!) Startwert Null (Zahl 0 oder Zeichen '\0'), "auto" und "register" jedoch nicht!

14.5 "main" übernimmt

An dieser Stelle plagen mich Gewissensbisse, daß ich vielleicht der Funktion "main" nicht die nötige Achtung gezollt habe. Wurde sie doch bisher immer nur nackt und bloß, sprich: bar jeglicher Argumente eingesetzt. Dabei kann diese Funktion doch einiges an Parametern vertragen, die Anzahl ihrer Argumente ist sogar flexibel! Nehmen Sie doch diese neue Variante des Kopierprogramms einmal in Augenschein:

```
#include "stdio.h"

main (int Zaehler, char **DateiZeiger)

   /* Kopieren */

{
  register char Zeichen;
  FILE *Rein, *Raus, *fopen ();

  if (Zaehler < 3)
  {
    puts ("Ein Dateiname fehlt!");
    exit ();
  }

  Rein = fopen (*(++DateiZeiger), "r");
  Raus = fopen (*(++DateiZeiger), "w");

  while ((Zeichen = getc (Rein)) != EOF)
    putc (Zeichen, Raus);

  fclose (Rein);
  fclose (Raus);

  puts ("ok!\7");
}
```

Der Versuch, dieses Programm über <R> bzw. "Run" zum Laufen zu bringen, scheitert daran, daß "main" die Argumente fehlen. Die Namen der Quell- und der Zieldatei werden ja nicht im Programm abgefragt, sondern sie müssen bereits beim Programmaufruf übergeben werden. Wenn Sie auf den Komfort von "Run" nicht verzichten wollen, müssen Sie die betreffenden Argumente irgendwo lagern, damit Ihr Kopierprogramm von der Turbo-C-Umgebung aus darauf zugreifen kann. Die geschieht von der Hauptmenüleiste aus über:

<O>   bzw.   "Options"

und

<A>   bzw.   "Args"

Tragen Sie in das sich öffnende Fenster nun den (vollständigen!) Namen der betreffenden Dateien ein - z.B. "A:TEST.C B:REST.C" -, bestätigen Sie Ihre Eingabe mit <RETURN>, und schließen Sie das Fenster wieder mit <ESC>. Nun dürfte <R> keine Probleme mehr bereiten. Die andere Möglichkeit ist der Start Ihres Programms vom Betriebssystem aus. Ins DOS wechseln Sie mit:

        <F> bzw. "File"

und

        <O> bzw. "OS shell"

Die Turbo-C-Umgebung bleibt im Speicher Ihres Computers. Nach getaner Arbeit können Sie mit A>exit dorthin zurückkehren. Nehmen wir an, Sie haben Ihrem Kopierprogramm den Namen "KOPIE" gegeben. (Daß "COPY" sich hierfür nicht bewährt, haben Sie sicher schon lange bemerkt!) Dann hätten Sie aus dem Betriebssystem heraus bisher einfach nur a>kopie eingegeben, das Programm startete. Aber es kopierte erst, nachdem Sie die entsprechenden Dateinamen eingegeben hatten. Um die Eingabe dieser Namen kommen Sie natürlich auch jetzt nicht herum. Aber nun geben Sie:

    kopie a:test.c b:rest.c

ein (durch Leerzeichen getrennt). Und von Laufwerk A: wird die Datei "TEST" auf Laufwerk B: übertragen und dort unter dem Namen "REST" abgelegt. Als Argumente sind hier die Variablen "Zaehler" und "DateiZeiger" aufgeführt; vereinbart sind sie als Zahl bzw. als Zeiger auf einen String mit unbestimmter Länge (Daher der Doppelzeiger):

    int   Zaehler, char **DateiZeiger

"Zaehler" zählt die Anzahl der eingegebenen Argumente. Dabei zählt der Name des Programms mit! "DateiZeiger" zeigt auf eine Zeichenkette, in der - durch Leerzeichen getrennt - die Namen der Parameter abgelegt sind. Offensichtlich ermöglicht "main" die Übergabe einer durch einen Zähler festgelegten Anzahl von Argumenten! Die Anweisungzeilen:

```
Rein = fopen (*(++DateiZeiger), "r");
Raus = fopen (*(++DateiZeiger), "w");
```

meinen - kurz gesagt - folgendes: Zuerst zeigt "Dateizeiger" auf den Programmnamen. Bei "Rein" wird er das erste Mal inkrementiert; damit zeigt er auf den ersten Dateinamen. Bei "Raus" wiederholt sich das Spiel: Jetzt zeigt "Daten-Zeiger" auf den zweiten Dateinamen. Mit dem übrigen Teil Programms kommen Sie wohl allein zurecht...

14.6 Zusammenfassung

So allerlei Neues ist da noch zusammengekommen. Und Sie werden mir hoffentlich zustimmen, daß auch Ihnen dies und jenes davon ganz nützlich erscheint. Sie kennen die Sprungmöglichkeiten:

break	Abbruch eines Zweiges/einer Schleife
continue	Erneuter Durchgang einer Schleife
exit ()	Verlassen eines Programms
return ()	Verlassen einer Funktion

Sie wissen, daß Sie mit "#define" auch kleinere Funktionen - sogenannte Makros - festlegen können. Dabei können Sie die Definition auch über mehrere Zeilen verteilen, müssen diese aber durch ein "\" am Zeilenende verknüpfen.

Über die in C gebotenen Speicherklassen haben Sie (hoffentlich) den Überblick behalten:

auto	Variable verliert ihren Wert nach Gebrauch
extern	Variable gilt auch "außerhalb" (global)
register	Variable benutzt möglichst Prozessor-Register
static	Variable behält ihren Wert nach Gebrauch

Nun wissen Sie auch, daß die Hauptfunktion "main" nicht immerzu nur mit "leeren Händen" arbeiten muß: Sie kann auch beliebig viele Argumente übernehmen. Für einen Programmlauf aus der Turbo-Umgebung können Sie diese über <O> bzw. "Options" und <A> bzw. "Args" vorher übergeben.

Oder Sie wechseln mit <F> bzw. "File" und <O> bzw. "OS shell" in die DOS-Umgebung und rufen Ihr Programm zusammen mit den Argumenten von dort aus auf. Die Turbo-C-Umgebung bleibt im Speicher Ihres Computers. Mit "exit" kehren Sie wieder in die "gewohnte Umgebung" zurück.

15. Nachschlag

Die Blättersammlung auf meinem Tisch hat sich nun schon um einiges gelichtet. Dennoch gibt es hier und da noch ein Blatt, dessen Inhalt ich für wichtig halte, ehe es in den Papierkorb wandert. Da fällt mir (noch einmal) die Liste mit dem Turbo-C-Grundwortschatz in die Hände:

asm *	auto	break	case	cdecl *
char	const	continue	default	do
double	else	enum	extern	far *
float	for	goto	huge *	if
int	interrupt *	long	near *	pascal *
register	return	short	signed	sizeof
static	struct	switch	typedef	union
unsigned	void	volatile	while	

15.1 Reste

Die meisten dieser Wörter kennen Sie ja schon; beim genaueren Hinsehen jedoch finden Sie einige, deren Bedeutung Ihnen wohl noch immer ein Rätsel ist. Da wären zum Beispiel die Wörter "enum", "union" und "void". Die ersten beiden sind (weitere) Datentypen. "enum" ist ein Aufzählungstyp, vergleichbar mit einer Menge. Dazu ein Beispiel:

```
enum Tage
{
   Montag, Dienstag, Mittwoch,
   Donnerstag, Freitag,
   Samstag, Sonntag
} ;
```

"union" ist wie "struct" ein weiterer Strukturtyp. Während "struct" eine Zusammenstellung verschiedener Komponenten ist, enthält "union" zu einem Zeitpunkt jeweils nur eine der vereinbarten Komponenten. Als Beispiel mag eine ehemalige "struct"-Vereinbarung (aus Kapitel 12) dienen:

```
union DatenSatz
{
  char Name[11];
  char Vorname[11];
  char Strasse[11];
  int  Nummer;
  int  Post_LZ;
  char Wohnort[11];
};
```

"void" ist ein Funktionentyp. Eine mit "void" vereinbarte Funktion ist ein Verfahren, das keinen Funktionswert zurückgibt. Das einfachste Beispiel wäre:

```
void tunix () {}
```

Wir hätten jedoch die "tausche"-Funktionen (aus Kapitel 6 bzw. 9) auch so vereinbaren können:

```
void tausche (int *Zahl1, int *Zahl2)

{
  int x;

  x      = *Zahl1;
  *Zahl1 = *Zahl2;
  *Zahl2 = x;
}
```

Die Pascal-Umsteiger unter Ihnen können mit diesen drei C-Wörtern wohl mehr anfangen, wenn sie wissen, daß es etwa die folgenden Entsprechungen gibt:

in C	in Pascal
enum	SET
union	RECORD mit CASE
void	PROCEDURE

Zu ergänzen ist "volatile" als Gegenstück zu "const" - damit wird eine "freie" Variable vereinbart, die nicht nur durch den Programmierer, sondern auch z.B. durch Interrupt-Routinen oder ein externes Gerätesignal beeinflußt (= verändert) werden kann.

Nachschlag

Bleibt vom Wortschatz des C-Standard noch übrig:

    sizeof

ist (wieder) ein Operator. Was der bewirkt, können Sie mit folgendem kleinen Programm testen:

```
main ()          /* Speicherplatzbedarf */

{
    printf ("char   : %d\n", sizeof (char));
    printf ("int    : %d\n", sizeof (int));
    printf ("float  : %d\n", sizeof (float));
    printf ("long   : %d\n", sizeof (long));
    printf ("double : %d\n", sizeof (double));
    printf ("Zeiger : %d\n", sizeof (char *));
    printf ("Zeiger : %d\n", sizeof (int *));
}
```

Darüber hinaus können Sie mit "sizeof" den Speicherplatzbedarf jeder beliebigen Variablen ermitteln, also z.B. auch von Strings, die mit unbestimmter Länge vereinbart wurden, oder von "structs".

Und es gibt noch einen Operator, den Sie kennen sollten: Den sogenannten "cast"-Operator. Auch dessen Wirkung können Sie in einem Programmbeispiel kennenlernen:

```
main ()

{
    int i = -55;

    printf ("Ganzzahl : %d\n",             i);
    printf ("Zeichen  : %c\n", (char)      i);
    printf ("Absolut  : %u\n", (unsigned)  i);
}
```

Dieser Operator (= eingeklammerter Datentyp) verwandelt einen Typ zwangsweise in den angegebenen. Das ist z.B. sinnvoll, wenn einer Funktion ein bestimmter Datentyp übergeben werden soll, aber nicht sicher ist, ob die im Programmverlauf zur Verfügung stehende Variable auch wirklich von diesem Typ ist: Mit

Hilfe dieses Operators wird sie dann schon "zurechtgebogen". Eine Typumwandlung erfolgt also nicht immer automatisch.

Wo wir gerade beim "Verwandeln" sind, möchte ich einige Funktionen aus der Turbo-C-Bibliothek nicht unerwähnt lassen, die Zeichenketten zu Zahlen machen. Da gibt es unter anderen:

        atoi (String)   (= "ASCII to int")

und

        atof (String)   (= "ASCII to float")

Damit wird ein über "gets" eingelesener String z.B. "100" zur ganzen Zahl 100 oder z.B. "3.14" zur Gleitpunktzahl 3.14. Probieren Sie ruhig auch andere Strings aus, die nicht nur Ziffern enthalten. Umgekehrt geht's z.B. mit:

        itoa (Wert,String,Basis)

und

        gcvt (Wert,Anzahl,Zeiger)

Diese und weitere Umwandlungsfunktionen finden Sie neben vielen anderen, durchaus sehr nützlichen Funktionen in der Datei "stdlib.h" deklariert. Nähere Informationen hierzu entnehmen Sie bitte dem Referenzteil Ihrer Turbo-C-Handbücher.

Diejenigen unter Ihnen, die schon erfahren sind im Umgang mit dem Betriebssystem, finden auch hierfür eine Menge an Funktionen u.a. in den Include-Dateien "dos.h" und "dir.h". Wie Sie oben (und schon in Kap. 6) an den Sternchen gesehen haben, bietet Ihnen Turbo C noch einige weitere Befehlswörter, über die der übliche C-Standard (ANSI) nicht verfügt. Dabei dürfte eines der interessantesten das Wort:

        asm

sein: Mit vorangestelltem "asm" können Sie in Assembler programmieren und sich damit direkt auf die Maschinenebene begeben. Wer sich damit auskennt, wird sich freuen zu wissen, daß

Turbo C einen Inline-Assembler bietet, mit dessen Hilfe Maschinensprache in C-Listings eingebunden werden kann.

Damit Sie Ihre Variablen möglichst flexibel modifizieren können, stehen Ihnen noch einige Modifikatoren zur Verfügung, die allerdings in der derzeit üblichen C-Norm nicht vorgesehen sind: Mit "cdecl" und "pascal" können Sie z.B. Namen von Variablen, die aus anderen Sprachen übernommen werden sollen, so anpassen, daß sie nicht mit C-Wörtern (oder Funktionen) in Konflikt geraten.

Mit "near", "far", "huge" beeinflussen Sie die Größe von Zeigern: Üblicherweise benötigen die Turbo-C-Modelle "Tiny", "Small" und "Medium" kurze Zeiger (von 2 Byte Länge), da der Platz für Programme auf maximal 64 KByte beschränkt ist. Die übrigen Modelle verwenden lange Zeiger (von 4 Byte Länge), da hier sehr viel mehr Speicher adressiert werden muß. Mit "near" erzeugen Sie kurze, mit "huge" und "far" lange Pointer (in jeweils einem anderen Format).

Mit "interrupt" bewirken Sie, daß so vereinbarte Funktionen aktuelle Registerinhalte des Prozessors vor einem Zugriff retten und sie am Funktionsende wiederherstellen. Sie können so auf Interrupt-Routinen zugreifen, ohne sich um die Verwaltung der Registerinhalte kümmern zu müssen. Doch dies sind schon Spezialitäten, auf die Sie besser verzichten sollten, solange Sie nicht mit den Tiefen von Betriebssystem und Prozessor Ihres PC vertraut sind.

In diesem Zusammenhang will ich auch noch eine Funktion aus der Turbo-C-Bibliothek erwähnen. Mit:

```
system (Befehls-String)
```

können Sie aus Ihrem C-Programm heraus ein MS-DOS-Kommando aufrufen. Wenn Sie das ausprobieren wollen, sorgen Sie dafür, daß eine Systemdiskette im aktuellen Laufwerk liegt! (Die wichtigsten MS-DOS-Befehle sind in Anhang C aufgeführt.)

15.2 Turbo-Erkundungsgang

Abschließend möchte ich Sie noch zu einer kleinen Wanderung durch die Turbo-Umgebung einladen. Dabei sei gesagt, daß Sie nach unserem Rundgang beileibe nicht alle "Tiere des Turbo-Zoos" zu Gesicht bekommen haben. Dazu müßten Sie sich schon auf eigene Faust (und Gefahr) in "tc" begeben. Beginnen wir mit unserer Begehung auf der Hauptmenüleiste:

```
File  Edit  Run  Compile  Project  Options  Debug
```

Die ersten drei "Anlagen" haben wir bereits im Verlaufe unseres Einstieges in Turbo C besichtigt. Das heißt, im "Compile"-Fenster gibt es noch einiges, was einer Betrachtung würdig ist. Über die Menüpunkte "Compile to OBJ" und "Link EXE" muß ich wohl an dieser Stelle nichts mehr sagen - die Bezeichnungen sprechen auch für sich. Interessanter ist die Auswahlmöglichkeit:

       `<M>` bzw. "Make EXE file"
(oder auch nur `<F9>`)

Nicht nur, daß hier Compiler und Linker Hand in Hand arbeiten: "Make" orientiert sich zuerst an eventuellen Projekt-Vereinbarungen. (In einer "PRJ"-Datei können Sie übrigens auch die Namen von OBJ-Dateien, ja sogar Parameter unterbringen - Näheres darüber finden Sie im ersten Handbuch.) Gibt es keine derartigen Vereinbarungen, so bearbeitet "Make" das Programm, das unter dem letzten Punkt:

       `<P>` bzw. "Primary C file"

angegeben ist. Ist dort nichts angegeben, so begnügt sich "Make" mit dem File im Editor. Steht auch dort nichts, so wird's auch mit dem EXE nichts. Eine Besonderheit von "Make" ist es, jeweils nur die aktuellen Dateien zu bearbeiten, das heißt: Haben Sie mehrere Files, die Sie zu einem Gesamtprogramm verbinden wollen und gibt es hierzu eine Projekt-Datei, so werden nur jeweils die Programmstücke neu bearbeitet, in denen Sie etwas geändert haben. Alle übrigen liegen ja bereits als linkfähige

Objekt-Files vor, wenn sie einmal vom Compiler fehlerfrei übersetzt wurden.

Da sich "Make" hierbei nach Datum und Zeit richtet, müssen Sie zuvor diese eingestellt haben, falls Ihr PC keine Echtzeituhr besitzt. Möchten Sie lieber alles nochmal neu kompiliert und gelinkt haben, so gibt es hierzu noch die Option:

        `<B>` bzw. `"Build all"`

Zum letzten Menüpunkt ("Primary C file") sei noch ergänzt, daß die Angabe eines Namens z.B. dann von Nutzen sein kann, wenn Sie einen Quelltext mit "#include"-Anweisungen kompilieren wollen: Bei Auftreten eines Fehlers wird dann die ("#include"-) Datei in den Editor geladen, in der der Fehler steckt. (Probieren Sie das mal mit den Funktionen aus Kapitel 9 aus!)

Schließen wir das "Compile"- und öffnen wir das "Project"-Fenster: Von dort aus gelangen Sie über die Einstellung

        `<B>` bzw. `"Break make on"`

in ein weiteres Fenster:

```
Warnings
Errors
Fatal errors
Link
```

Nun können Sie festlegen, wann der Übersetzungs-/Binde-Prozeß unterbrochen werden soll: Voreingestellt ist der Abbruch nach dem Auftreten von Fehlern. Wenn Sie wollen, können Sie aber auch die Bedingungen "Warnings" (mögliche Erzeugung von Fehlern beim Programmlauf - kann aber auch gut gehen) oder "Fatal errors" (Fehler, die nicht nur für Ihr C-Programm verheerende Folgen haben können) einstellen. Außerdem ist es möglich, den Prozeß vor dem Linken zu unterbrechen.

15.3 Einstellungen

Verlassen wir das "Project"-Menü, und wandern wir weiter zu den "Options": In diesem "Gehege" kreucht und fleucht weitaus die größte Vielfalt der Arten. Mit vielem davon werden Sie selten bis nie in Berührung kommen (wollen), und alles kann nur ein professioneller Kenner der Materie ausnutzen.

Wenn wir in diesem Fenster von unten beginnen, so kommen wir zunächst an den beiden Möglichkeiten vorbei, sämtliche von Ihnen gewählten Einstellungen in einem Extra-File (z.B. "tcconfig.tc") auf Diskette zu sichern (<S> bzw. "Store options) oder eine bestimmte Konfiguration von dort zu laden (<R> bzw. "Retrieve options"). Was es mit "Args" und "Environment" auf sich hat, kennen Sie bereits aus diesem bzw. dem Anfangskapitel 2.

Die Einstellungen für den "Linker" empfehle ich Ihnen so zu belassen, da eine Manipulation lediglich für "Insider" sinnvoll sein kann. Für eine(n) Anfänger/in erdrückend dürfte die Fülle der Möglichkeiten sein, die ihn/sie bei der Option "Compiler" erwartet: Das erste Fenster sieht noch ziemlich harmlos aus:

```
Model           Small
Defines
Code generation
Optimization
Source
Errors
Names
```

Mit

<M>   bzw.   "Model"

bestimmen Sie eine der Speicher-Konfigurationen - voreingestellt ist "Small". Falls Sie diese Einstellung ändern wollen, müssen Sie Turbo C neu installieren (es werden andere Bibliotheken benötigt, die Sie auf Ihren Turbo-Disketten finden). Dabei bezeichnet der Anfangsbuchstabe des jeweiligen Modell-Namens auch den Typ der jeweiligen Libraries. (Das "Tiny"-Modell benötigt nur eine eigene Starterdatei. Ansonsten benutzt es die Bibliotheken von "Small".) Mit

<D> bzw. "Defines"

ist es möglich, eigene Makros (für den Präprozessor) zu definieren. Mit

<C> bzw. "Code generation"

machen Sie ein neues Fenster auf, mit dessen Hilfe Sie die Erzeugung des Objectcodes beeinflussen können. So läßt sich der Compiler unter anderem auf den verwendeten Prozessortyp ("Instruction set"), das Vorhandensein eines Rechenprozessors oder dessen Emulation ("floating point"), die Kontrolle des Stacks ("Test stack overflow") und die String-Verwaltung ("Merge duplicate strings") einstellen. Über

<O> bzw. "Optimization"

können Sie beispielsweise einstellen, ob Ihr Objectcode auf größte Geschwindigkeit ("Speed") ausgelegt oder möglichst kompakt ("Size") sein soll. Sie können den Compiler dazu veranlassen, wann immer möglich Register-Variablen zu erzeugen ("Use register variables"), wodurch automatisch eine Vereinbarung von Variablen mit dem C-Wort "register" erfolgt. Und Sie können die Optimierung bei der Verwendung von Registerinhalten Ihres Prozessors und bei Programm-Sprüngen bzw. -Schleifen beeinflussen.

<S> bzw. "Source"

gibt Ihnen die Möglichkeit, festzulegen, wie lang die Namen von Variablen sein können, die Turbo C noch voneinander unterscheiden soll ("Identifier length"). Allerdings darf die Maximallänge 32 nicht überschreiten! Außerdem können Sie bestimmen, ob Sie Kommentare verschachteln wollen ("Nested comments") und ob in Ihren Programmen sämtliche Turbo-C-Wörter oder nur auch für andere C-Compiler gültige Wörter nach dem ANSI-Standard zugelassen werden sollen ("ANSI Keywords Only"). Mit

<E> bzw. "Errors"

läßt sich u.a. bestimmen, nach wie vielen Fehlern ("Errors: stop after") bzw. Warnungen ("Warnings: stop after") der Kompilierungsvorgang gestoppt werden soll (eingestellt werden können Werte zwischen 0 und 255). Außerdem können Sie festlegen, ob und welche Warnungen auf dem Bildschirm angezeigt werden sollen ("Display warnings on/off" und die folgenden Menüpunkte, an die sich eine für den Einsteiger verwirrende Anzahl von Einstellungsmöglichkeiten anschließt). Von

<N> bzw. "Names"

sollten Sie lieber die Finger lassen. Dazu bedarf es wirklich fortgeschrittener Erfahrungen im Umgang mit Ihrem Computer. Schließen Sie alle Fenster wieder und gehen Sie mit mir einen letzten Schritt auf der Turbo-C-Hauptmenüleiste zum "Debug"-Menü:

```
Track messages     Current file
Clear messages
Keep  messages     No
Available Memory   222K
```

Sie können festlegen, ob nur die Fehler des aktuellen Text-Files im Editor ("Current file") oder die aller beim Compile/Link-Prozeß beteiligten Dateien ("All files") oder gar keine Fehler ("off") aufgelistet werden sollen. Mit "Clear messages" löschen Sie den Inhalt des "Message"-Fensters, mit "Keep messages" stellen Sie ein, ob für jede neue Kompilierung die vorhergehenden Fehlermeldungen gelöscht werden ("off") oder erhalten bleiben ("on") sollen.

Nachdem Sie über "Available memory" erfahren haben, wieviel Speicherplatz Ihnen Turbo C noch gelassen hat, sind wir auch schon am Ende unserer Wanderung durch die Turbo-Menüs.

15.4 Schlußwort

So, nun sind die Blätter von Tisch! Das eine oder andere ist in den Papierkorb geraten, ohne daß sein Inhalt in dieses Buch aufgenommen wurde. So ist wohl auch mancherlei unter den Tisch gefallen, was möglicherweise noch hierher gehört hätte. Wenn ich hier schließe, dann sollten Sie mich nicht mißverstehen, daß ich etwa der Meinung sei, nun wäre alles zu C im allgemeinen bzw. im besonderen zu Turbo C gesagt! Aber dieses Buch ist ein Buch für Einsteiger, es soll(te) Grundwissen vermitteln und dieses ein wenig vertiefen. Sie haben ja auch noch Ihre Handbücher. Und weiterführende Literatur zu Turbo C wird sicherlich folgen!

Immerhin bewegen Sie sich in einer Sprache, die einerseits sehr flexibel ist, weil Sie Ihnen viel Freiheiten (auch für Fehler) läßt. Andererseits aber ist der Wortschatz auch von Turbo C klein. So manchen Befehl, manche Funktion werden Sie sicher vermissen und auch in den umfangreichen Turbo-C-Bibliotheken nirgends finden. So werden Ihnen in Sprachen wie Turbo Pascal und - BASIC beispielsweise Möglichkeiten zur Grafik in Fülle geboten. Sich weitere neue Funktionen selbst erstellen zu können, das ist die Stärke besonders von C. Das bedingt jedoch, daß man schon recht weit fortgeschritten ist und seinen Computer ausgezeichnet kennt. Dann ist es auch keine Unmöglichkeit, sein Turbo C um Grafik-Funktionen zu erweitern. (Die Übertragbarkeit auf andere Computer ist damit jedoch "hin".)

Zum fortgeschrittenen oder professionellen Programmierer werden Sie im wesentlichen durch eigenes Tun, also auch durch Experimente und die Suche nach Neuem. Im Grunde ist es hier ähnlich wie bei einer Fahrschule: Richtig (= routiniert) fahren lernen Sie erst nach der Fahrprüfung, wenn Sie auf sich selbst angewiesen in Ihrem Auto sitzen und mit den Situationen im Straßenverkehr fertig werden müssen. Dann zeigt es sich auch, ob Sie Fehler zur Angewohnheit werden lassen oder Ihr Fahrverhalten ständig überprüfen. Im letzteren Fall ist Ihre Chance zu überleben (weitaus) größer.

Beim Programmieren geht das alles viel harmloser zu. Dennoch können auch "Programmabstürze" mitunter sehr schmerzhaft sein. Durchstöbern Sie Ihre Turbo-C-Handbücher, und "wühlen" Sie ruhig kräftig in den Bibliotheken! Wahrscheinlich stoßen Sie dabei auf viele weitere interessante Fähigkeiten von Turbo C.

Teil 4: Hilfe!

16. Turbo C im Überblick

Hier finden Sie nun alle die Wörter (Keywords), Funktionen und Operatoren von Turbo C in Zusammenfassung, die Ihnen während Ihrer Reise durch dieses Buch begegnet sind. Darunter befindet sich dann jeweils eine kurze Erläuterung. Und ganz zum Schluß folgt noch ein Kurzhinweis auf das Kapitel (K), in dem der Begriff zum ersten Mal ausführlicher auftaucht. Bei Funktionen ist außerdem die zugehörige Include-Datei mit angegeben. Das Sternchen (*) hinter einem Keyword bedeutet, daß dieses Wort nicht dem ANSI-Standard entspricht und Sie es außer in Turbo C in einem anderen C-Paket nicht - unbedingt - finden.

16.1 Wörter und Funktionen

asm   *

Einbinden von Assembler-Text   K15

atoi (String);   *(stdlib.h)*

Umwandlung von Zeichen in eine ganze Zahl   K15

atof (String);   *(stdlib.h)*

Umwandlung von Zeichen in eine Gleitpunktzahl   K15

auto <Typ> <VarNamen>;
"Standard"-Variable mit "begrenzter Lebenszeit" K14

break;
Abbruch einer Switch-Anweisung oder Schleife K10

case <Wert> : <Anweisungen>;
Zweig der switch-Anweisung K10

cast
(siehe Operatoren)

cdecl *
Typanpassung von Variablen K15

char <VarNamen>;
Zeichen, mit "*" oder [] Zeichenfeld(er) K3

const
Vereinbarung von Konstanten K5

continue;
Nächster Schleifendurchgang K14

default : <Anweisungen>;
SONST-Teil der switch-Anweisung K10

#define <Ersatz> <Kette>
Präprozessoranweisung zur Umdefinition (Makro) K5

do {Anweisungen} while (Bedingung);
Anfangsmarke der do..while-Schleife K8

double <VarNamen>;
Gleitkommazahl mit doppelter Genauigkeit K5

else <Anweisungen>;
SONST-Teil der if-Anweisung K4

enum <Name> {Elemente};
Menge K15

exit ( ); (*process.h*)
Verlassen der Programmebene K14

extern <Typ> <VarNamen>;
Globale Variable (global auch über Module) K14

far *
Vereinbarung eines langen Zeigertyps (4 Byte) K15

fclose (DateiZeiger); (*stdio.h*)
Schließen einer Datei K13

fgets (Puffer, Zähler, DateiZeiger); (*stdio.h*)
Lesen eines Strings aus einer Datei K13

FILE *<VarNamen>;
Datei-Zeiger-Typ K13

float <VarNamen>;
Gleitkommazahl mit einfacher Genauigkeit K5

fopen (Datei, Modus); (*stdio.h*)
Öffnen einer Datei (Lesen/Schreiben/Anfügen) K13

for (Start ; Bedingung ; Schrittanweisungen) {Anweisungen}
Schleife mit Eingangstest K8

fprintf (DateiZeiger, KontrollString, Argumente); (*stdio.h*)
Formatiertes Schreiben in eine Datei K13

fputs (Puffer, DateiZeiger); (*stdio.h*)
Schreiben eines Strings in eine Datei K13

fread (Puffer, TypLänge, Anzahl, DateiZeiger); (*stdio.h*)
Lesen eines Blockes aus einer Datei K13

fscanf (DateiZeiger, KontrollString, VarZeiger); (*stdio.h*)
Formatiertes Lesen aus einer Datei K13

fwrite (Puffer, TypLänge, Anzahl, DateiZeiger) (*stdio.h*)
Schreiben eines Blocks in eine Datei K13

getc (DateiZeiger); (*stdio.h*)
Lesen eines Einzelzeichens aus einer Datei K13

getch (); (*conio.h*)
Lesen eines Einzelzeichens von Konsole (ohne Echo) K9

getche (); (*conio.h*)
Lesen eines Einzelzeichens von Konsole (mit Echo) K9

getchar (); (*stdio.h*)
Lesen eines Einzelzeichens (z.B. von Tastatur) K9

gets (Puffer); (*stdio.h*)
Lesen eines Strings (z.B. von Tastatur) K13

goto <Marke>
Sprung (zu einer Marke) K14

gcvt (Wert, Anzahl, String) (*stdlib.h*)
Umwandlung einer Gleitkommazahl in einen String K15

huge   *

Vereinbarung eines langen Zeigertyps (4 Byte)   K15

if (Bedingung) {Anweisungen}

Auswahl nach Bedingung   K4

#include <DateiName>

Präprozessoranweisung zur Einbindung von Quellcode   K6

int <VarNamen>;

Ganze Zahl zwischen ca. +/- 32000   K4

interrupt   *

Zugriff auf Interrupt-Vektoren des Prozessors   K15

itoa (Wert, String, Basis)   *(stdlib.h)*

Umwandlung einer Ganzzahl (u.a. dezimal) in einen String   K15

long <VarNamen>;

Ganze Zahl zwischen ca. +/- 2 Milliarden   K5

main ( )
Hauptfunktion K3

main (ArgZähler, ArgZeiger)
Hauptfunktion mit Argumentenzähler und -liste K14

near *
Vereinbarung eines kurzen Zeigertyps (2 Byte) K15

pascal *
Typanpassung von Variablen K15

printf (KontrollString, Argumente);
Formatiertes Schreiben (auf den Bildschirm) K3

putc (Zeichen, DateiZeiger); (stdio.h)
Schreiben eines Einzelzeichens in eine Datei K13

putch (Zeichen); (conio.h)
Schreiben eines Einzelzeichens auf Konsole K9

putchar (Zeichen); *(stdio.h)*
Schreiben eines Einzelzeichens (z.B. auf den Bildschirm)   K9

puts (Puffer); *(stdio.h)*
Schreiben eines Strings (z.B. auf den Bildschirm)   K13

register <Typ> <VarNamen>;
Wie auto, werden möglichst in CPU-Registern abgelegt   K14

return (Wert);
Rückkehr aus einer Funktion mit Rückgabewert   K9

scanf (KontrollString, VarZeiger); *(stdio.h)*
Formatiertes Lesen (von der Tastatur)   K3

signed
Datentyp mit Vorzeichen - z.B. int ca. +/- 32000   K5

sizeof
(siehe Operatoren)

static <Typ> >VarNamen>;
Variable mit "bleibender Lebenszeit"   K14

strcat (String, PlusString)   *(string.h)*
Verknüpfung von Strings   K11

strcmp (String1, String2)   *(string.h)*
Vergleichen von Strings   K11

strcpy (ZielString, QuellString)   *(string.h)*
Zuordnen/Kopieren von Strings   K11

strlen (String)   *(string.h)*
Länge eines Strings   K11

struct <TypName> {Komponenten} <VarName>;
Zusammengesetzte Datenstruktur   K12

switch <VarName> {case <Wert> : <Anweisungen>;}
Mehrfach-Auswahl je nach Wert   K10

system (DOS-String)   *(stdlib.h)*
Aufruf eines MS-DOS-Kommandos   K15

typedef <TypName> <Typ>;
Datentyp-Vereinbarung   K5

union <TypName> {Komponenten} <VarName>;
Zusammengesetzte Datenvariante   K15

unsigned <Typ> <VarName>;
Vorzeichenloser Typ - z.B. int von 0 bis ca. 65000   K5

void <FunktionsName> {Definitionen; Anweisungen}
Verfahren ohne Rückgabewert   K15

volatile
Vereinbarung "freier" Variablen   K14

while (Bedingung) {Anweisungen}
do {Anweisungen} while (Bedingung);
Wiederholungsschleife mit Eingangs-/Ausgangstest   K8

16.2 Steuerzeichen und Operatoren

[cast] : *(Typ) <VarName>*

"Zwangsweise" Umwandlung in einen Datentyp   K 15

sizeof (Typ)
sizeof (VarName)

Größe eines Datentyps oder einer Variablen in Byte   K 15

\0	Marke für String-Ende	K 11
\7	Signalton	K 5
\n	Steuerzeichen für neue Zeile	K 3
%	Steuerzeichen für Format	K 3
%	Restoperator (Division)	K 7
!	NICHT	K 7
!=	ungleich	K 7
&	Adreß-Operator	K 4
&	BITweises UND	K 7
&&	UND	K 4
( )	Operations-Klammern	K 7
( )	Argument- oder Kontroll-Klammern	K 3
*	Inhalts-Operator	K 9
*	mal (Multiplikation)	K 7
+	plus (Addition)	K 7
++	Inkrement	K 7
,	Komma-Operator	K 8
-	negativ (Vorzeichen)	K 7
-	minus (Subtraktion)	K 7

--	Dekrement	K7
->	Struktur-Operator	K12
.	Punkt-Operator	K12
/	geteilt durch (Division)	K4
<	kleiner	K4
<=	kleiner oder gleich	K4
=	Zuweisung	K4
==	gleich	K3
>	größer	K4
>=	größer oder gleich	K4
?:	wenn-dann-sonst-Operator	K7
|	BITweises ODER	K7
||	ODER	K4
^	BITweises ENTWEDER-ODER (XOR)	K7
[]	Klammern für Feld-Größe	K3
{}	Block-Klammern	K3
/* */	Kommentar-Klammern	K4
;	Anweisungs-Abschlußmarke (Semikolon)	K3

17. Fundgrube

Probleme beim Programmieren können verschiedenste Ursachen haben. Bei Unlust, Wut oder Niedergeschlagenheit kann ich Ihnen hier leider nicht weiterhelfen: Schalten Sie Ihren PC einfach ab, schlagen Sie dieses Buch zu, machen Sie Pause(n). Suchen Sie jedoch verlorenen Überblick über den bisher gelernten C-Sprachschatz, suchen Sie einen Ersatz in Turbo C für ein Ihnen bekanntes BASIC- oder Pascal-Wort, suchen Sie zu einem Begriff etwas möglichst Passendes in Turbo C, dann kann ich Ihnen vielleicht in diesem Kapitel behilflich sein.

17.1 Typische C-Fehler

1.
```
main
{
   printf ("Hallo!");
}
```

Fehler: Argument-Klammern nach "main" vergessen!

Ähnlich: Vergessen der Klammern nach Funktionen, denen keine Argumente übergeben werden!

2.
```
main ()
   printf ("Hallo!")
}
```

Fehler: Einen Block schließende Klammer vergessen!

Ähnlich: Einen Block öffnende Klammer vergessen!

3.   `main ()`

   `{`
   `  printf ("Hallo!")`
   `}`

Fehler: Semikolon nach Anweisung vergessen!

Selten: Vergessen des Semikolons nach Variablen-Vereinbarungen.

Häufig: Vergessen des Semikolons nach "struct", "union", "enum" oder auch vor "else"!

4.   `tunix ();`

   `{`
   `}`

Fehler: Semikolon nach Funktionsnamen nicht bei Vereinbarung, sondern nur bei Aufruf!

Ähnlich: Semikolon nach "#define"- oder "#include"-Anweisungen!

5.
```
main ()

{
  int i;

  for (i = 1; i < 10; i++);
    printf ("%d", i);
}
```

Fehler: Semikolon direkt nach "for"-Anweisung schließt den folgenden Anweisungsblock bereits ab (Leeranweisung)!

Ähnlich: Semikolon direkt nach "while" oder "if"!

6.
```
main ()

{
  x = 1;
  printf ("%d", x);
}
```

Fehler: Variable nicht vereinbart!

7.
```
main ()

{
  int x;
  printf ("%d", x);
}
```

Fehler: Variable nicht initialisiert oder Wert nicht zugewiesen oder eingelesen!

8.
```
main ()
{
  print ("Hallo");
}
```

Fehler: "print" statt "printf"!
(Umsteigerfehler von BASIC)

9.
```
main ()
{
  printf ('Hallo');
}
```

Fehler: Hochkommas (') statt Anführungsstrichen (")!
(Umsteigerfehler von Pascal)

10.
```
main ()
{
  int i;
  i = 5;
  printf (i);
}
```

Fehler: Format-String in "printf"-Anweisung fehlt!

Auch: Anzahl der Format-Strings stimmt nicht mit Anzahl der Variablen-Parameter überein!

Fundgrube

11.
```
main ()

{
  int i;

  i = 5;
  printf (%d, i);
}
```

Fehler: Format-String ohne Anführungsstriche!

Ähnlich: Format-String vor oder hinter den Anführungsstrichen! Steuerzeichen nicht innerhalb der Anführungsstriche!

12.
```
main ()

{
  int i;

  for (i = 1; i < 10; i++)
    printf ("%d/n", i);
}
```

Fehler: Verwechslung von "/" mit "\"!

13.
```
main ()

{
  int i;

  scanf ("%d", i);
  printf ("%d", i);
}
```

Fehler: "scanf"-Anweisung benötigt Zeiger (&) als Argument!

14.
```
main ()
{
  char *s;

  scanf ("%s", &s);
  printf ("%s", s);
}
```

Fehler: "s" ist bereits als Zeiger deklariert!

Ebenso: Definition durch z.B. "char s[11];"

15.
```
main ()
{
  int i;

  scanf ("%d", &i);
  if (i = 0)
    printf ("%d", i);
}
```

Fehler: Gleichheitszeichen nicht "=", sondern "=="!

Ähnlich: Ungleichheit nicht durch "<>", sondern "!="!
          (Umsteigerfehler von BASIC oder Pascal)

Fundgrube 285

16.
```
main ()

{
  int i;

  i := 5;
  printf ("%d", i);
}
```

Fehler: Zuweisungszeichen muß "=" sein!
(Umsteigerfehler von Pascal)

17.
```
main ()

{
  int i;

  while (i < 10)
    printf ("%d", i++);
}
```

Fehler: Eingangsvariable "i" nicht gesetzt!
(Initialisierung, Wertzuweisung, Eingabe)

18.
```
main ()

{
  int i = 1;

  while (i < 10)
    printf ("%d", i);
    i++;
}
```

Fehler: Klammerung des Anweisungsblocks nach "while" vergessen! (Sonst Endlos-Schleife!)

Auch: Klammerung nach "do", "for", "if", "else", "switch"!
Ähnlich: Klammerung bei "struct", "union", "enum"!

19.
```
main ()

{
  int i = 1;

  {
    printf ("%d", i);
    i++;
  }
  while (i < 10);
}
```

Fehler: "do"-Anfangsmarke (bei "while" am Ende) vergessen!

20.
```
main ()

{
  char String[10];

  scanf ("%s", String);
  if (String != "String")
    printf ("Fehler!");
}
```

Fehler: Vergleichsoperator bei Strings statt strcmp ()!

Ähnlich: Zuweisen und Verketten von Strings durch "=" und "+" statt mit Hilfe von strcpy () und strcat ()!

21.
```
main ()

{
   int i = 1;
   int s = 0;

   while (s < 101 and i > 0)
   {
      scanf ("%d", &i);
      s += i;
   }
   printf ("%d", s);
}
```

Fehler: "and" statt "&&"!

Auch: "or" statt "¦¦" oder "not" statt "!"!

22.
```
tunix ()

{
   /* diese Funktion tut nichts!
}
```

Fehler: Schließen der Kommentarklammerung vergessen!

23.
```
MAIN ()

{
   PRINTF ("HALLO");
}
```

Fehler: C-Wörter in Großschrift statt hier in Kleinschrift!
(C unterscheidet alle großen/kleinen Buchstaben!)

24. Weitere Tips zur Vermeidung von Fehlern

Das waren eine Menge, jedoch sicherlich noch nicht alle Fehler, die Ihnen als Einsteiger oder Umsteiger passieren könnten. Weitere, die Ihnen ein- oder auffallen, sollten Sie sich auf den letzten Seiten dieses Buches (oder ein paar eingelegten Zetteln) notieren!

Es waren auch nicht alles nur schwerwiegende Fehler; doch diese Fehler gehören zu den ärgerlichen Vorkommnissen, die man eben lieber vermeiden möchte. Fragen Sie sich deshalb auch immer vor der Kompilierung:

1. Gibt es zu jeder öffnenden eine schließende Klammer?

2. Ist jede Anweisung mit einem Semikolon abgeschlossen?

3. Sind alle Variablen und Funktionen (richtig) vereinbart? (Besondere Vorsicht bei Zeigern!)

4. Haben Variablen, die (weiter) verarbeitet werden sollen, bereits einen Wert?

5. Stimmen bei der Übergabe von Argumenten (Parametern) auch Anzahl und Typ überein?

6. Sind die Bedingungen bei "if", "for", "while" und "switch" auch erfüllbar ?

Und auch das sollten Sie sich merken:

1. Felder werden von 0 an gezählt!

2. Vorsicht bei Feldgrenzen!

3. Strings benötigen eine Endemarke (\0)!

4. Strings haben ihre eigenen Funktionen!

5. Adressen und Werte sind etwas völlig Verschiedenes! Vorsicht also bei Zuweisungen, Eingaben und anderen Operationen!

Schließlich haben Sie die Möglichkeit in Turbo C nicht vergessen, sich im "Edit"-Fenster mit Hilfe der Tasten <F8> und <F7> von einem zum nächsten bzw. zum vorangegangenen Fehler zu "hangeln". Dabei läuft im "Message"-Fenster ein Zeigerbalken mit, der die jeweils aktuelle Meldung markiert. Mit <F6> können Sie zwischen den beiden Fenstern hin- und herwechseln.

17.2 Über BASIC oder Pascal zu Turbo C

Hin und wieder werden Sie mitten im Programmieren gebremst, weil Ihnen eine bestimmtes Wort oder eine Funktion in Turbo C nicht einfällt. Falls Sie aber schon in BASIC oder Pascal programmiert haben, erinnern Sie sich vielleicht noch an das passende BASIC- oder Pascal-Wort.

Hier finden Sie die wichtigsten Wörter nicht nur speziell eines, sondern der verbreitetsten Dialekte von BASIC und Pascal. Dabei sind nur die Wörter aufgeführt, zu denen es Vergleichbares in Turbo C gibt. Und ich muß mich auf den Sprachschatz beschränken, der in diesem Buch behandelt wurde:

BASIC	C
AND	&&
BEEP	printf ("\7")
CALL	(Funktionsaufruf)
CASE	case
CHR$	(char) (Castoperator)
CLOSE	fclose ()
DEF FN	(Funktionsvereinbarung)
DEF PROC	(Funktionsvereinbarung)
DIM	[], *, struct, union, enum, FILE
DO	do

ELSE	else
END	break, exit ()
EOF	EOF
EXIT	break
FN	(Funktionsaufruf)
FOR..TO..NEXT	for ()
GET, GETKEY	getch (), getche (), getchar ()
GOSUB..RETURN	(Funktionsaufruf)
GOTO	goto, break, continue, while, for
IF..THEN..ELSE	if () else (auch: ? :)
INKEY$	getch (), getche (), getchar ()
INPUT	scanf (), gets ()
INPUT #	fcanf (), fgets (), fwrite ()
INT	(int) (Castoperator)
LEN	strlen ()
LET	=
LOCAL	(lokale Vereinbarung)
LOOP	do, while ()
MOD	/
NEXT	for ()
NOT	!
ON	switch ()
OPEN	fopen ()
OR	||
PRINT	printf (), puts (), putch (), putchar ()
PRINT #	fprintf (), fputs (), fwrite ()
PROC	(Funktionsaufruf)
REM	/* */
RETURN	return ()
SELECT CASE	switch {case...}
SHELL	system ()
STEP	for ()
STOP	exit ()
STR$	itoa (), gcvt ()
SUB	(Funktionsvereinbarung)
THEN	if ()
TO	for ()
VAL	atoi (), atof ()
UNTIL	while (!...)

WEND	while ()
WHILE	while (), for ()
=	==
<>	!=

Strings:

Zuweisung (=)	strcpy ()
Vergleich (=,...)	strcmp ()
Verknüpfung (+)	strcat ()

Pascal   C

Pascal	C
AND	&&
APPEND	fopen (..."a")
ARRAY	[], *
ASSIGN	fopen ()
BEGIN	{
CASE	switch ()
CHAR	char
CHR	(char) (Castoperator)
CLOSE	fclose ()
CONCAT	strcat ()
CONST	#define, const
DIV	/
DO	while (), for ()
DOWNTO	for ()
ELSE	else, default
END	}
END.	}
EOF	EOF
EXIT	break, continue
FILE	FILE
FOR	for ()
FUNCTION	(Funktionsvereinbarung)
GET	getc (), fread ()
GOTO	goto
HALT	exit ()

(INCLUDE)	#include
IF	if ()
INT	(int) (Castoperator)
INTEGER	int, long
LENGTH	strlen ()
MOD	%
NOT	!
OF	case
OR	||
PROCEDURE	(Funktionsvereinbarung), void
PROGRAM	main ()
PUT	putc (), fwrite ()
READ	scanf (), gets (), fscanf ()
READLN	scanf (), gets ()
REAL	float, double
RECORD	struct, union
REPEAT	do
RESET	fopen (..."r")
REWRITE	fopen (..."w")
SET	enum
SIZEOF	sizeof ()
STRING[]	char [], *
THEN	if ()
TO	for ()
TRUNC	(int) (Castoperator)
TYPE	typedef
UNTIL	while (!...)
VAL	atoi (), atof ()
VAR	(Variablenvereinbarung), volatile
WHILE	while (), for ()
WRITE	printf (), puts (), fprintf ()
WRITELN	printf (...\n), puts ()
{ }	/* */
(* *)	/* */
^	* &
;	;

```
  :=                        =
  =                         ==
  <>                        !=
```

```
Strings:
Zuweisung (:=)           strcpy ()
Vergleich (=,...)        strcmp ()
Verknüpfung (+)          strcat ()
```

17.3 Turbo C auf's Stichwort

Vielleicht fühlen Sie sich ab und zu dadurch an der Umsetzung einer Programm-Idee gehindert, weil Ihnen weder das geeignete Turbo-C-Wort noch ein passendes in BASIC oder Pascal einfällt.

Aber Sie werden doch sicher irgend ein Stichwort wissen, wozu Sie das fehlende Wort oder Zeichen gerade an dieser Stelle benötigen! Dann könnten Sie möglicherweise hier gerade die gesuchte Anweisung, -Operation oder -Funktion in Turbo C oder zumindest einen Hinweis auf sie finden - falls es sie gibt:

Ausgabe:

```
putc (), putch (), putchar (), puts (), printf ()
fputs (), fprintf (), fwrite ()
```

Bedingungen:

```
if () {} else {}
switch () {case... default}
&&   ||   !   ==   !=   <   <=   =>   >
```

Datentypen und Speicherklassen:

char, double, float, int, long, short,
signed, unsigned, cdecl, pascal,
[], *, enum, FILE, struct, union, void,
#define, typedef, const, volatile,
auto, extern, register, static,

Disketten:

FILE, fclose (), fopen (), "a", "r", "w", EOF,
#include,
fgets (), fread (), fscanf (), getc (),
fprintf (), fputs (), fwrite (), putc (),

Eingabe:

getc (), getch (), getche (), getchar (), gets (),
scanf (),fgets (), fscanf (), fread ()

Felder:

[], *, struct, union, enum,
. ->

Funktionen:

(), {}, <Argumente>, <Parameter>, void,
interrupt, cdecl, pascal

Kommentare:

/* */

Fundgrube

Operatoren und Steuerzeichen:

```
    &      *     []      ()
    +      -     *     /     %     ++    --    =
    !      &&    ||    !=    <     <=    ==    >     >=
    ?:     ^     ,     .     ->    (cast)    sizeof    %    \
```

Programm-Aufbau:

```
main (), {, }, /* */, asm,
<global>, <lokal>, <Argument>,
<Datentyp>, <Speicherklasse>,
#define, #include, typedef, const, volatile,
near, far, huge
```

Schleifen:

```
siehe WIEDERHOLUNG
```

Sprünge:

```
break, continue, exit (), goto, system ()
```

Strings:

```
char, [], *,
strcpy (), strcmp (), strcat (), strlen (),
atoi (), atof (), gcvt (), itoa ()
```

Vereinbarungen:

#define, #include, typedef, <Intialisierung>,
<Datentyp>, <Funktion>, const, volatile,
cdecl, pascal

Wiederholung:

do {} while (),
while () {},
for () {},
break, continue

Zahlen:

double, float, int, long, short, signed, unsigned,
<Castoperator>, +, -, *, /, %

Zeiger:

*, &, <Adresse>, near, far, huge

Zweige:

siehe BEDINGUNGEN

Nachwort

Wir sind jetzt wirklich am Ende. Sie dürften nun eigentlich längst in Turbo C auf eigenen Füßen stehen und gehen können. Damit sind Sie zwar noch kein Meister, aber indem Sie nunmehr wissen, daß "C" nicht nur der dritte Buchstabe im Alphabet ist, haben Sie die wesentlichen Grundlagen, um es vielleicht einmal dorthin zu bringen.

Dieses Buch werden Sie weiter als Nachschlagewerk benutzen und es natürlich schonend behandeln. Von Zeit zu Zeit kann es auch nicht schaden, das ganze Buch auch noch einmal von vorn durchzublättern. Das war's.

Anhang A: Editor-Befehle

1. Cursor-Steuerung:

PC-Taste   *Wirkung*

```
         Pfeil rauf       Zeile    nach oben
         Pfeil runter     Zeile    nach unten
         Pfeil links      Zeichen  nach links
         Pfeil rechts     Zeichen  nach rechts
<CTRL>-Pfeil links        Wort     nach links
<CTRL>-Pfeil rechts       Wort     nach rechts
              <Home>      Zeilen - Anfang
              <End>       Zeilen - Ende
      <CTRL><Home>        Seiten - Anfang
      <CTRL><End>         Seiten - Ende
              <PgUp>      Blättern nach oben
              <PgDn>      Blättern nach unten
      <CTRL><PgUp>        Text   - Anfang
      <CTRL><PgDn>        Text   - Ende
      <CTRL>-W            Rollen   nach oben
      <CTRL>-Z            Rollen   nach unten
```

2. Einfügen und Löschen

PC-Taste   *Wirkung*

```
         <INS>            Einfügen oder Überschreiben
      <CTRL>-N            Zeile    einfügen
      <CTRL>-Y            Zeile    löschen
      <CTRL>-T            Wort     löschen
      <CTRL>-Q-Y          Rest der Zeile löschen
         <DEL>            Zeichen  unter Cursor löschen
         <BackSpace>      Zeichen  links löschen
```

3. Block-Operationen

PC-Taste	Wirkung
<CTRL>-K-B	Block - Anfang
<CTRL>-K-K	Block - Ende
<CTRL>-K-H	Block hervorheben
<CTRL>-K-C	Block kopieren
<CTRL>-K-V	Block versetzen
<CTRL>-K-Y	Block löschen
<CTRL>-K-R	Block von Diskette einfügen
<CTRL>-K-W	Block auf Diskette speichern

4. Sonstige Operationen

PC-Taste	Wirkung
<CTRL>-P	ermöglicht Eingabe von <CTRL>-Zeichen in Text
<TAB>	Tabulieren
<CTRL>-Q-I	Automatische Tabulierung ein/aus
<CTRL>-Q-L	Rückgängigmachen aller Änderungen in einer Zeile, falls sich Cursor noch dort befindet
<CTRL>-Q-F	FINDEN:
B	von der Cursorposition rückwärts
G	im gesamten Text
U	unabhängig von Groß/Kleinschreibung
W	nur von ganzen Wörtern
{Anzahl}	bis der gesuchte String die entsprechende Anzahl mal vorgekommen ist

<CTRL>-Q-A	ERSETZEN:
N	ohne Nachfrage (alles wird ersetzt)
B	von der Cursorposition rückwärts
G	im gesamten Text
U	unabhängig von Groß/Kleinschreibung
W	nur von ganzen Wörtern
{Anzahl}	
	bis der gesuchte String die entsprechende Anzahl mal vorgekommen ist
<CTRL>-L	Suchen/Ersetzen wiederholen
<CTRL>-U	Suchen/Ersetzen abbrechen
<CTRL>-K-D oder <F10>	Editor verlassen

Anhang B: Die Menüs von Turbo C

0. Aufruf:

    tc

1. Das Hauptmenü

a. Die Kopfleiste

```
File  Edit  Run  Compile  Project  Options  Debug
```

File	Verwaltung der Quelldateien
Edit	Sprung in den Editor ("Edit"-Window)
Run	Kompilieren, Linken und Programm-Lauf
Compile	Übersetzen und Binden
Project	Programm-Projekt (Datei-Zusammenstellung)
Options	Einstellungen
Debug	Fehler-Suche

b. Die Fußleiste(n)

\<F1\>	öffnet ein Fenster mit Hilfstext
\<F2\>	sichert die aktuelle Datei auf Diskette
\<F3\>	lädt eine neue Arbeitsdatei
\<F5\>	vergröß./verklein. "Edit"/"Message"-Fenster
\<F6\>	setzt ein Fenster aktuell
\<F7\>	zeigt auf vorletzten Fehler
\<F8\>	zeigt auf nächsten Fehler
\<F9\>	Aufruf von "Make"
\<F10\>	bringt Sie zurück zum Hauptmenü
\<ESC\>	bringt Sie in die jeweils nächsthöhere Untermenüebene (zurück)
\<ALT\>-R	startet ein Programm direkt
\<ALT\>-X	beendet Turbo C direkt

2. Das Menü "File"

Load	Laden einer Arbeitsdatei in den Editor
Pick	Laden aus einer Datei-Liste
New	Löschen des Editor-Speichers
Save	Sichern einer Arbeitsdatei auf Diskette
Write to	Sichern unter anderem Namen
Directory	Inhalt einer Diskette
Change dir	Wechsel des aktuellen Directory
OS Shell	Wechsel zur DOS-Ebene (zurück mit "exit")
Quit	Rückkehr zur DOS-Ebene

3. Das Menü "Compile"

Compile to OBJ	Aufruf des Compilers
Make EXE file	Kompilieren/Linken eines Projektes (unter Berücksichtigung von Datum/Zeit)
Link EXE	Aufruf des Linkers
Build all	Kompilieren/Linken aller Dateien (ohne Berücksichtigung von Datum/Zeit)
Primary C file	Vorrangige (Haupt-)Datei

4. Das Menü "Project"

Project name	Name des Projektes (.PRJ) auf Diskette
Break make on	Unterbrechung
Warnings	bei Warnungen
Errors	bei Fehlern (aller Art)
Fatal errors	nur bei "gefährlichen" Fehlern
Link	vor dem Linken
Clear project	Löschen des Projektnamens

5. Das Menü "Options"

```
Compiler
  Model                  Speichermodell für Code/Daten
  Defines                Makro-Definitionen
  Code generation        Einstellungen zur Erzeugung des Objectcode
  Optimization           Einstellungen für Code-Optimierung
  Source                 Einstellungen von Variablenlänge,
                         Kommentarverschachtelung, ANSI-Wortschatz
  Errors                 Einstellungen für Compilerstop
                         nach Fehlermeldungen
  Names                  Interne Einstellungen

Linker                   Spezielle Einstellungen zum Binden
                         von Dateien

Environment
  Include directories    Ordner für "Include"-Dateien
  Output    directory    Ordner für OBJ- und EXE-Files
  Library   directory    Ordner für Bibliotheken
  Turbo C   directory    Ordner für TCHELP.TCH/TCCONFIG.TC
  Auto save edit         Auto-Sichern vor Programm-Lauf
  Backup source files    BackUp-Kopie des Quelltextes
  Zoomed windows         "Edit"/"Message"-Window auf Maximum

Args                     Argumentenliste für Hauptprogramm

Retrieve Options         Sämtliche Einstellungen laden (".TC")
Store Options            Sämtliche Einstellungen sichern (".TC")
```

6. Das Menü "Debug"

```
Track messages           Einstellung der Verfolgung von Fehlern
                         (Aktuelles File/ alle Files/ Keine)
Clear messages           Meldungen löschen
Keep messages            Meldungen auch bei nächsten Compiling
                         halten oder löschen

Available memory         Noch freier Speicherplatz
```

Anhang C: MS-DOS-Hilfen

1. Die wichtigsten Befehle

CHDIR	Ordner/Verzeichnis wechseln (CD)
CLS	Bildschirm löschen
COPY	Dateien von einem Gerät zum anderen kopieren
DATE	Datum anzeigen und ändern
DEL	Dateien löschen
DIR	Inhaltsverzeichnis zeigen
DISKCOPY	Disketten kopieren
ERASE	Dateien löschen
FIND	Dat(ei)en suchen
FORMAT	Disketten formatieren
MKDIR	Ordner/Verzeichnis anlegen (MD)
PRINT	Datei ausdrucken
REN	Datei umbenennen
RMDIR	Ordner/Verzeichnis entfernen (RD)
SORT	Dat(ei)en sortieren
TIME	Zeit anzeigen und ändern
TYPE	Inhalt einer Datei zeigen

2. Einrichten einer RAM-DISK

Wenn Sie in Turbo BASIC programmieren, kommen Sie im allgemeinen mit einem Laufwerk aus. Trotzdem gibt es Fälle (z.B. Kopien/Backups), in denen ein Zweitlaufwerk nicht schaden kann. Am preisgünstigsten ist eine RAM-Disk - wenn genügend Arbeitsspeicher (640 KByte) vorhanden ist. Bedenken Sie aber, daß Turbo C mehr als 380 KByte benötigt - das bedeutet bei 640 KByte ein Maximum von unter 260 KByte!

Und so bekommen Sie Ihre Disk ins RAM: Voraussetzung ist, daß sich auf (einer) der Systemdiskette(n) Ihres PC ein File:

    ramdisk.sys

(oder eines mit ähnlichem Namen) befindet. Das kopieren Sie mit

```
copy ram*.*
```

auf Ihre Turbo-Diskette. Nun müssen Sie dort die Datei

```
config.sys
```

laden (z.B. in den Turbo-Editor) und um die Zeile

```
device=ramdisk.sys KByte
```

erweitern. (Die KByte-Zahl richtet sich nach dem verfügbaren Speicherplatz Ihres Computers). Wenn Sie Turbo C nun neu starten, wird automatisch die RAM-DISK installiert. Jetzt können Sie Dateien mit

```
copy DateiName C:
```

in die RAM-DISK kopieren. Schauen Sie mit

```
dir c:
```

nach, ob die Dateien auch wirklich angekommen sind! Schließlich bekommen Sie dann - nach einem Diskettenwechsel - mit

```
copy c:*.* a:
```

alles von der RAM-DISK auf Ihre neue Diskette.

Ein bißchen umständlicher als mit zwei Laufwerken ist das Ganze schon, aber trotz jedesmal doppelter Befehlseingabe und Diskettenwechsels doch erträglich. Ein Zweitlaufwerk kostet immerhin noch mehrere hundert Mark extra!

Anhang D: ASCII/IBM-Zeichensatz

Dez.	Hex	Zeichen	Dez.	Hex	Zeichen	Dez.	Hex	Zeichen	Dez.	Hex	Zeichen
0	00		32	20		64	40	@	96	60	`
1	01	☺	33	21	!	65	41	A	97	61	a
2	02	●	34	22	"	66	42	B	98	62	b
3	03	♥	35	23	#	67	43	C	99	63	c
4	04	♦	36	24	$	68	44	D	100	64	d
5	05	♣	37	25	%	69	45	E	101	65	e
6	06	♠	38	26	&	70	46	F	102	66	f
7	07	•	39	27	'	71	47	G	103	67	g
8	08	◘	40	28	(	72	48	H	104	68	h
9	09	○	41	29	)	73	49	I	105	69	i
10	0A	◎	42	2A	*	74	4A	J	106	6A	j
11	0B	♂	43	2B	+	75	4B	K	107	6B	k
12	0C	♀	44	2C	,	76	4C	L	108	6C	l
13	0D	♪	45	2D	-	77	4D	M	109	6D	m
14	0E	♫	46	2E	.	78	4E	N	110	6E	n
15	0F	☼	47	2F	/	79	4F	O	111	6F	o
16	10	►	48	30	0	80	50	P	112	70	p
17	11	◄	49	31	1	81	51	Q	113	71	q
18	12	↕	50	32	2	82	52	R	114	72	r
19	13	‼	51	33	3	83	53	S	115	73	s
20	14	¶	52	34	4	84	54	T	116	74	t
21	15	§	53	35	5	85	55	U	117	75	u
22	16	▬	54	36	6	86	56	V	118	76	v
23	17	↨	55	37	7	87	57	W	119	77	w
24	18	↑	56	38	8	88	58	X	120	78	x
25	19	↓	57	39	9	89	59	Y	121	79	y
26	1A	→	58	3A	:	90	5A	Z	122	7A	z
27	1B	←	59	3B	;	91	5B	[	123	7B	{
28	1C	∟	60	3C	<	92	5C	\	124	7C		
29	1D	↔	61	3D	=	93	5D	]	125	7D	}
30	1E	▲	62	3E	>	94	5E	^	126	7E	~
31	1F	▼	63	3F	?	95	5F	_	127	7F	⌂

Dez.	Hex	Zeichen	Dez.	Hex	Zeichen	Dez.	Hex	Zeichen	Dez.	Hex	Zeichen
128	80	Ç	160	A0	á	192	C0	└	224	E0	α
129	81	ü	161	A1	í	193	C1	┴	225	E1	ß
130	82	é	162	A2	ó	194	C2	┬	226	E2	Γ
131	83	â	163	A3	ú	195	C3	├	227	E3	π
132	84	ä	164	A4	ñ	196	C4	─	228	E4	Σ
133	85	à	165	A5	Ñ	197	C5	┼	229	E5	σ
134	86	å	166	A6	ª	198	C6	╞	230	E6	µ
135	87	ç	167	A7	º	199	C7	╟	231	E7	τ
136	88	ê	168	A8	¿	200	C8	╚	232	E8	Φ
137	89	ë	169	A9	⌐	201	C9	╔	233	E9	Θ
138	8A	è	170	AA	¬	202	CA	╩	234	EA	Ω
139	8B	ï	171	AB	½	203	CB	╦	235	EB	δ
140	8C	î	172	AC	¼	204	CC	╠	236	EC	∞
141	8D	ì	173	AD	¡	205	CD	═	237	ED	φ
142	8E	Ä	174	AE	«	206	CE	╬	238	EE	ε
143	8F	Å	175	AF	»	207	CF	╧	239	EF	∩
144	90	É	176	B0	░	208	D0	╨	240	F0	≡
145	91	æ	177	B1	▒	209	D1	╤	241	F1	±
146	92	Æ	178	B2	▓	210	D2	╥	242	F2	≥
147	93	ô	179	B3	│	211	D3	╙	243	F3	≤
148	94	ö	180	B4	┤	212	D4	╘	244	F4	⌠
149	95	ò	181	B5	╡	213	D5	╒	245	F5	⌡
150	96	û	182	B6	╢	214	D6	╓	246	F6	÷
151	97	ù	183	B7	╖	215	D7	╫	247	F7	≈
152	98	ÿ	184	B8	╕	216	D8	╪	248	F8	°
153	99	Ö	185	B9	╣	217	D9	┘	249	F9	·
154	9A	Ü	186	BA	║	218	DA	┌	250	FA	·
155	9B	¢	187	BB	╗	219	DB	█	251	FB	√
156	9C	£	188	BC	╝	220	DC	▄	252	FC	η
157	9D	¥	189	BD	╜	221	DD	▌	253	FD	²
158	9E	₧	190	BE	╛	222	DE	▐	254	FE	■
159	9F	ƒ	191	BF	┐	223	DF	▀	255	FF	

Stichwortverzeichnis

#define	81
#include	106
Adresse	60, 154
Adreß-Operator	166
Angebot	172
ANSI	256
Argumente	151
Argumentenliste	158
Asm	256
Assembler	18
Atof	256
Atoi	256
Auswahl	172
Auto	246
Autoexec.bat	33
Backslash	78
BASIC	15
Bibliothek	20
Bildschirm-Echo	161
Bit	77
Block-Operationen	103
Box	105
Break	178
Byte	77
Case	178
Cast	255
Cdecl	257
Char	44
Compiler	16
Conio.h	161
Const	81
Continue	241

Copy 23
Cursor-Steuerung 299

Daten-Verkehr 219
Datenfelder 203
Datensatz 210
Datenstrukturen 210
Datentypen 75
Default 179
Definiert 185
Definition 244
Deklaration 244
Deklariert 185
Dekrement 119
Dezimalzahl 58
Disketten-Zugriffe 229
Do 64
Do..while 133
Double 76
Dummy 175

Editor 19
Editor-Befehle 299
Else 62
Endlos-Schleife 131
Endmarke 186
Enum 253
EOF 228
Exit 242
Extern 110
Externe Variable 246

Far 257
Fclose 226
Feld 44, 76
Fgets 234
FILE 226
Float 60
Fopen 226
For 56

Format	32, 46
Formatanweisung	47
Formatieren	32
Fprintf	233
Fputs	234
Fread	234
Fscanf	234
Funktionen	94
Fwrite	234
Ganzzahl	80
Gcvt	256
Geltungsbereich	246
Gepufferte Ein- und Ausgabe	224
Getc	228
Getch	160
Getchar	160
Getche	161
Gets	223
Global	246
Goto	132
Gültigkeitsbereich	245
Hardcopy	24
Hauptmenü	23
Hauptmenüleiste	37
Header	34
Hexadezimalzahlen	221
Huge	257
If	62
Include-Dateien	34
Indirekte Zuweisung	198
Inhalt-Operator	166
Initialisierung	86
Inkrement	119
Inline-Assembler	20, 257
Installation	32
Int	56
Interpreter	16

Interrupt 257
Itoa 256

Kanäle 224
Keybgr 33
Keywords 265
Kleinschreibung 51
Konsole 160, 219
Konstanten 81
Kontrollstruktur 57
Kontrollstrukturen 143
Kopie von Werten 154
Kopieren 230

Library-Dateien 34
Linker 19
Lokal 245
Long 76

Main 40
Main function 42
Makros 243
Maschinensprache 20
Maus 169, 219
Mehrfach-Auswahl 177
Menge 253
Menü-Steuerung 169
Modell 31
Modifikatoren 257
Modulen 149

Near 257

Objectcode 19
Oktalzahlen 221
Operatoren 113

Parameter 151
Pascal 15, 257
Pause 145

Platzhalter 47
Pointer 183
Portabilität 19
Postfix 121
Printf 38
Programmstrukturen 169
Projekt 109
Prozeduren 99
Prozessor 20
Präfix 121
Präprozessor 81
Putc 227
Putch 160
Putchar 160
Puts 223

Quelltext 19

RAM-Disk 307
Register 247
Rekursiv 176
Return 164, 243
Rückgabe-Wert 164

Scanf 44
Schleifen 131
Short 76
Signed 76
Sizeof 255
Speicherklassen 246
Standard-Bibliothek 94
Startwert 80
Static 247
Stdio.h 161
Strcat 197
Strcmp 192
Strcpy 196
String.h 192
Strlen 197

Struct	211
Switch	177
System	257
Terminal	219
Typedef	87
Typumwandlung	256
Union	253
Unsigned	76
Untermenüs	171
Variablen, global	98
Variablen, lokal	98
Vektor	203
Vereinbarungen	79
Vereinbarungen in den Argument-Klammern	159
Vergleiche	121
Vergleichen von Strings	189
Verkettete Listen	215
Verschachtelung	137
Void	254
Volatile	254
Werte	154
While	65
Wiederholungen	131
Wortschatz	93
Zeichen	58
Zeiger	61
Zeiger-Variable	61
Zusammengesetzte Datentypen	76
Zuweisungen	79

Hilfe

In der Regel klappt sie phantastisch, die Arbeit mit dem Computer. Und für Zweifelsfälle hat man ja bereits eine ansehnliche Bibliothek nützlicher Literatur. Doch immer wieder – mitten in der Arbeit – passiert es: Man sucht nach einem bestimmten Kommando. Irgendwo im Handbuch, oder stand es in einem Computermagazin... Der Arbeitsfluß ist unterbrochen. Man versucht sich zu erinnern, durchwühlt den riesigen Literaturberg, sucht einen Hinweis. HILFE. Genau die bekommen Sie von den neuen DATA BECKER Führern. Ein gezielter Griff und Sie haben die gewünschte Information. Hier finden sie umfassend alles auf einem Blick. Zu Ihrem Rechner oder auch zur entsprechenden Software. Das sind die ersten DATA BECKER Führer:

Der DATA BECKER Führer zu MS-DOS

176 Seiten
DM 24,80

Der DATA BECKER Führer zu Turbo C

224 Seiten
DM 29,80

Der DATA BECKER Führer zu GW/PC-Basic

160 Seiten
DM 24,80

Der DATA BECKER Führer zu TURBO PASCAL

126 Seiten
DM 24,80

Bücher zum PC

Das große Buch zu MS-DOS/PC-DOS führt Sie in leichtverständlicher Form in die Handhabung und die Möglichkeiten von MS-DOS/PC-DOS ein. Dabei werden alle Kommandos bis einschließlich DOS 3.2 ausführlich behandelt. Anhand mehrerer Beispiele werden Ihnen die Stapelverarbeitung und die Konfigurationsdatei CONFIG.SYS erläutert. Als Nachschlagewerk und zum Erlernen von DOS ist dieses Buch deswegen unentbehrlich — doch überzeugen Sie sich selbst!

Aus dem Inhalt:
- Einführung in die Welt des DOS
- Die verschiedenen Versionen bis DOS 3.2
- Eingeben und Editieren von DOS-Kommandos
- Verzeichnisse, Dateinamen und Joker
- Erstellen von Sicherheitskopien
- Installieren von DOS auf der Festplatte
- Alle DOS-Befehle von A bis Z auf über 200 Seiten
- Das Verknüpfen (Piping) von Kommandos
- Umlenken der Ein- und Ausgabe
- Alle Kopierprogramme des DOS im Überblick
- Die Stapelverarbeitung und alle ihre Befehle
- Die Batchdatei AUTOEXEC.BAT
- Tastaturbelegung frei definieren
- Suchen von Dateien auf der Festplatte (SCAN-Funktion)
- Directory sortiert ausgeben (nach Namen, Größe, Kennung)
- Die Konfigurationsdatei CONFIG.SYS und alle Befehle
- Der Debugger

**Schieb
Das große Buch zu
MS-DOS/PC-DOS
Hardcover, 408 Seiten, DM 49,–
ISBN 3-89011-034-7

Bücher zum PC

Wer BASIC kann, hat es jetzt leichter, TURBO PASCAL zu lernen. Dieses Buch hilft Ihnen dabei. Der Autor greift auf bekannte Lösungen in BASIC zurück, um zu zeigen, wie man in TURBO PASCAL programmiert. So fällt es dem Umsteiger leicht, die Strukturen und Befehle der neuen Sprache zu verstehen.

Aus dem Inhalt:
- Einstieg in TURBO PASCAL
- Grundstrukturen
- Schnellkurs für Eilige
- Schleifen, Prozeduren, Funktionen
- Programmaufbau
- Editorbefehle
- Compiler-Optionen
- Fehlermeldungen
- Terminal-Installationen
- MS-DOS-Hilfen
  und vieles mehr

Schumann
Von BASIC zu TURBO PASCAL
Hardcover, 368 Seiten, DM 49,–
ISBN 3-89011-179-3

Bücher zum PC

Mit diesem Buch werden Sie Schritt für Schritt angeleitet, in GW-/PC-BASIC zu programmieren. Es wird eine Übersicht über die ungeheuren Möglichkeiten dieser BASIC-Programmierung gegeben – einschließlich der Syntax- und Parametervielfalt.
Fazit: Einführung für den Einsteiger, Nachschlagewerk für den Anwender.

Aus dem Inhalt:

- Einführung in GW-/PC-BASIC
- Arbeiten mit GW-/PC-BASIC
- Befehle und Funktionen
- Variablen
- Dateiverwaltung
- Druckerausgaben
- Fehlerbehandlung
- Sound-Programmierung
- Grafik
- Window-Technik
- Schnittstellen
- Interrupt-Programmierung
- GW-BASIC compilieren
- GW-BASIC und MS-DOS
- Utilities zum Abtippen

Bomanns
Das große Buch zu GW-BASIC und PC-BASIC
376 Seiten, Hardcover, DM 49,–
ISBN 3-89011-165-3